인 생 코 칭 을 위 한

# 오 행 중 심
## 용 신 활 용
# 사 주 학

# 인생코칭을 위한 Life Coaching

五行 오행중심

用神 용신활용

四柱學 사주학

김동완

동학사

운명을 보완하는 데는 다양한 방법이 있다. 풍수에서는 비보(裨補), 압승(壓勝)
이라는 것이 있고, 사주명리학에서는 색상, 방향, 발음(소리), 숫자 등을 활용
한 풍수 인테리어, 패션 코디, 작명, 택일 등이 있다. 사람마다 자신에게 필요
한 오행이 존재한다. 그 오행이 들어간 색상, 방향, 발음, 숫자 등을 활용하면
자신의 운명을 긍정적으로 변화시킬 수 있다.

풍수 인테리어, 패션 코디, 작명, 택일 등을 활용하기 위해서는 사주팔자에서
오행의 무존재, 고립, 과다, 태과다, 발달을 알아야 한다. 무존재는 사주팔자에
없는 오행을 말하고, 고립은 주변에 도와주는 글자가 없는 오행을 말하며, 과
다와 태과다는 기운이 너무 강한 오행을 말한다. 마지막으로 발달은 기운이 적
당한 오행이다.

무존재, 고립, 과다, 태과다 활용법은 무존재와 고립은 보완하고 과다, 태과다
는 억제해주는 것이다. 보완과 억제를 통해 건강을 지켜주고 사건사고를 줄이

거나 없애는 데 도움을 줄 수 있다. 필자의 이론을 각자 행운을 향상시키고 긍정적이고 희망적인 변화변동을 만들기 위한 도구로 활용하길 바란다. 풍수 인테리어, 패션 코디, 작명, 택일 응용법은 시중에서 사람들을 협박하고 겁박하여 돈벌이 수단으로 사용하고 있는 굿이나 부적을 배척하고, 스스로 자신의 운명을 개척해 나가기 위해 효율적으로 사용할 수 있으므로 적극 권장한다.

다만 사주원국에 필요한 오행, 합을 이룬 사주에 필요한 오행, 대운에 따라 필요한 오행과 매년 필요한 오행 등 상황에 따라 필요한 오행이 변화하기도 한다. 이러한 내용을 모두 다룬다는 것은 현실적으로 어렵다. 따라서 이 책에서는 사주원국에 필요한 오행을 중심으로 설명한다. 타고난 성격, 직업적성, 건강, 특성 등 기본적인 삶이 결정되는 사주원국을 활용하는 것만으로도 충분히 도움이 될 것이다.

2019년 8월 김동완

# CONTENTS

CHAPTER **2** 오 행 활 용 법

## 일 러 두 기

**1**

이 책은 자신의 사주를 자신이 디자인하여 운명을 바꾸는 방법을 찾아주고자 하였다. 사주에서 힘이 약한 무존재와 고립 오행은 보완하고, 힘이 너무 강한 과다와 태과다 오행은 눌러주는 방법으로 자신의 운명을 긍정적으로 변화시킬 수 있다.

**2**

사주명리학의 핵심은 사주팔자에 필요한 용신을 찾는 데 있다. 용신 찾는 방법을 소개한 책과 이론은 많다. 하지만 설명이 어렵고 복잡하기 때문에 쉽게 이해하기 힘들다. 사주팔자를 들여다볼수록 어떤 글자가 용신인지 헷갈리고 자신감을 잃게 된다. 필자의 무존재, 고립, 발달, 과다, 태과다 이론은 사주팔자의 오행을 점수화하기 때문에 간단하고 쉬우며, 어떤 사주팔자에도 동일하게 적용할 수 있는 장점이 있다.

**3**

사주팔자 오행 분석에서 월지와 시지는 매우 중요하다. 계절의 기후에 따라 점수가 달라지는 월지는 특히 중요하다. 필자는 앞서 『사주명리학 완전정복』에서 날짜를 나누어 매우 구체적이고 정교하게 점수를 분석하였다. 예를 들어 인(寅)월은 양력 2월 초부터 3월 초까지인데 3단계 분류법과 5단계 분류법으로 계산하였다. 하지만 점수 분석을 처음 접하는 독자들에게는 어렵고 복잡하게 느껴질 수 있으므로 이 책에서는 이해하기 쉽게 인(寅)월 전체를 수(水) 30점으로 분류하였다.

CHAPTER

사주에 필요한 오행

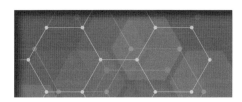

## 사주의 이해

이 책의 특징은 타고난 사주팔자의 단점을 보완하고, 스스로 운명을 개척하고 희망적으로 변화시켜 나갈 수 있는 새로운 방법을 제시한다는 것이다. 사주명리학 일반 이론에서는 사주팔자에 필요한 오행, 즉 용신을 찾기 위해 매우 복잡하고 어려운 과정을 거친다. 하지만 필자의 대덕 이론은 사주팔자 여덟 글자를 점수화하여 오행의 무존재, 고립, 발달, 과다, 태과다를 분석한다. 이 방법으로 각자의 사주팔자에 가장 필요한 오행을 쉽고 간단하게 찾아낼 수 있으며, 그 오행이 나타내는 색상과 방향을 실생활에 활용할 수도 있다.

이 색상과 방향은 사주 주인공의 운명을 긍정적이고 희망적으로 변화시켜주는 작용을 한다. 먼저 색상은 의상이나 실내 인테리어, 차량 색상 등에 다양하게 적용할 수 있다. 또한 방향은 대문이나 현관문 방향, 방문 방향, 책상이나 침대를 놓는 방향, 사무실 방향 등에 다양하게 적용할 수 있다. 이 밖에 각각의 오행에 배속된 발음(소리)을 상호나 이름을 지을 때 활용할 수 있으며, 액세서리용 보석의 색깔을 선택할 때에도 활용할 수 있다.

이 책에서는 다양한 사주명리학 이론들을 하나하나 모두 설명하지는 않는다. 사주팔자를 뽑는 방법과 대덕 이론의 핵심인 오행의 무존재, 고립, 발달, 과다, 태과다를 분석하는 방법, 그리고 그 오행을 실생활에서 활용하는 방법을 중점적으로 설명한다. 사주명리학 이론들을 더 자세히 공부하고 싶다면 필자의 〈사주명리학 시리즈(1~9권)〉를 참고하기 바란다.

## 1. 음양오행과 천간지지

사주명리학을 구성하는 중요한 개념으로 음양(陰陽)과 오행(五行), 천간(天干)과 지지(地支)가 있다. 음양은 우주의 근본인 태극이 처음 분화하여 생겨났으며, 땅과 하늘, 달과 태양, 여자와 남자, 밤과 낮, 겨울과 여름, 어둠과 밝음, 작은 것과 큰 것 등 모든 대립적인 만물과 형상을 상징한다. 오행은 음양의 변화가 한 단계 더 세분화된 것으로, 우주 만물을 구성하는 다섯 가지 요소인 목(木), 화(火), 토(土), 금(金), 수(水)를 말한다. 각각의 오행은 고유의 성격과 속성을 지니고 있으며, 서로 힘을 실어주는 상생작용과 힘을 빼앗아가는 상극작용을 한다. 상생과 상극은 오행 활용의 중요한 원리이다.

- 목(木) 나무가 상징하는 성질은 굵고 곧은 것, 뻗어나가려는 의지, 의욕, 성장, 명예 등이다.
- 화(火) 불이 상징하는 성질은 타오르는 열정, 정열, 자신감 등이다.
- 토(土) 흙이 상징하는 성질은 모든 것들을 감싸안는 포용과 중재, 안식, 고집, 끈기 등이다.

- **금(金)** 쇠가 상징하는 성질은 단단함, 자신을 다스리는 의지, 절제 등이다.
- **수(水)** 물이 상징하는 성질은 생각, 지혜, 욕망, 본능 등이다.

- **상생(相生)** 오행의 다섯 가지 기운은 서로 힘을 실어준다[生]. 목(木)은 화(火)를 생하고, 화(火)는 토(土)를 생하고, 토(土)는 금(金)을 생하고, 금(金)은 수(水)를 생하고, 수(水)는 목(木)을 생한다.
- **상극(相剋)** 오행의 다섯 가지 기운은 서로 힘을 빼앗아간다[剋]. 목(木)은 토(木)를 극하고, 토(土)는 수(水)를 극하고, 수(水)는 화(火)를 극하고, 화(火)는 금(金)을 극하고, 금(金)은 목(木)을 극한다.

천간은 모두 10개의 글자이며 갑(甲), 을(乙), 병(丙), 정(丁), 무(戊), 기(己), 경(庚), 신(辛), 임(壬), 계(癸)이다. 지지는 모두 12개의 글자이며 자(子), 축(丑), 인(寅), 묘(卯), 진(辰), 사(巳), 오(午), 미(未), 신(申), 유(酉), 술(戌), 해(亥)이다.

      10천간과 12지지는 각각 음양과 오행에 배속된다. 특히 시공간의 원리가 함축되어 있는 12지지에는 각각 한 달씩 1년 12달이, 그리고 각각 2시간씩 하루 24시간이 배정된다. 또한 10천간과 12지지는 서로 결합하여 육십갑자를 만든다. 이때 양의 천간과 양의 지지, 음의 천간과 음의 지지가 만나기 때문에 120가지가 아닌 60가지 조합이 만들어진다.

● **천간의 음양오행**

| 천간 | 갑 | 을 | 병 | 정 | 무 | 기 | 경 | 신 | 임 | 계 |
|---|---|---|---|---|---|---|---|---|---|---|
|  | 甲 | 乙 | 丙 | 丁 | 戊 | 己 | 庚 | 辛 | 壬 | 癸 |
| 음양 | 양 | 음 | 양 | 음 | 양 | 음 | 양 | 음 | 양 | 음 |
| 오행 | 목(木) | | 화(火) | | 토(土) | | 금(金) | | 수(水) | |

| 지지 | 자 | 축 | 인 | 묘 | 진 | 사 | 오 | 미 | 신 | 유 | 술 | 해 |
|---|---|---|---|---|---|---|---|---|---|---|---|---|
| | 子 | 丑 | 寅 | 卯 | 辰 | 巳 | 午 | 未 | 申 | 酉 | 戌 | 亥 |
| 음양 | 양 | 음 | 양 | 음 | 양 | 음 | 양 | 음 | 양 | 음 | 양 | 음 |
| 오행 | 수(水) | 토(土) | 목(木) | 목(木) | 토(土) | 화(火) | 화(火) | 토(土) | 금(金) | 금(金) | 토(土) | 수(水) |
| 음력 달 | 11월 | 12월 | 1월 | 2월 | 3월 | 4월 | 5월 | 6월 | 7월 | 8월 | 9월 | 10월 |
| 시간 | 23:30 ~ 01:30 | 01:30 ~ 03:30 | 03:30 ~ 05:30 | 05:30 ~ 07:30 | 07:30 ~ 09:30 | 09:30 ~ 11:30 | 11:30 ~ 13:30 | 13:30 ~ 15:30 | 15:30 ~ 17:30 | 17:30 ~ 19:30 | 19:30 ~ 21:30 | 21:30 ~ 23:30 |

● 육십갑자

| 甲子 | 乙丑 | 丙寅 | 丁卯 | 戊辰 | 己巳 | 庚午 | 辛未 | 壬申 | 癸酉 |
|---|---|---|---|---|---|---|---|---|---|
| 甲戌 | 乙亥 | 丙子 | 丁丑 | 戊寅 | 己卯 | 庚辰 | 辛巳 | 壬午 | 癸未 |
| 甲申 | 乙酉 | 丙戌 | 丁亥 | 戊子 | 己丑 | 庚寅 | 辛卯 | 壬辰 | 癸巳 |
| 甲午 | 乙未 | 丙申 | 丁酉 | 戊戌 | 己亥 | 庚子 | 辛丑 | 壬寅 | 癸卯 |
| 甲辰 | 乙巳 | 丙午 | 丁未 | 戊申 | 己酉 | 庚戌 | 辛亥 | 壬子 | 癸丑 |
| 甲寅 | 乙卯 | 丙辰 | 丁巳 | 戊午 | 己未 | 庚申 | 辛酉 | 壬戌 | 癸亥 |

## 2. 사주의 구성

사주팔자(四柱八字) 또는 팔자(八字)라고도 부르는 사주(四柱)는 '4개[四]의 기둥[柱]'이란 뜻이다. 사람이 태어난 생년, 생월, 생일, 생시를 천간과 지지가 결합된 육십갑자로 나타낸 것이 사주이다. 한자는 오랜 시간 동안 세로쓰기를 해왔는데, 사주의 생년월일시를 세로쓰기로 각각 적은 모양이 마치 4개의 기둥이 서 있는 형상과 같다고 하여 사주라 부른다.

태어난 해는 연주, 태어난 달은 월주, 태어난 날은 일주, 태어난 시는 시주라고 하며, 오른쪽에서 왼쪽으로 쓴다. 연주의 천간은 연간, 연주의 지지는 연지라고 한다. 월주의 천간은 월간, 월주의 지지는 월지라고 한다. 일주의 천간은 일간, 일주의 지지는 일지라고 한다. 마지막으로 시주의 천간은 시간, 지지는 시지라고 한다.

- 태어난 연(해)의 육십갑자는 연주(年柱)
- 태어난 월의 육십갑자는 월주(月柱)
- 태어난 일의 육십갑자는 일주(日柱)
- 태어난 시의 육십갑자는 시주(時柱)

| 시주 | 일주 | 월주 | 연주 |
|---|---|---|---|
| ○ | ○ | ○ | ○ |
| 시간 | 일간 | 월간 | 연간 |
| ○ | ○ | ○ | ○ |
| 시지 | 일지 | 월지 | 연지 |

## 3. 사주팔자 세우기

사주를 보기 위해 가장 먼저 할 일이 바로 사주를 세우는 것이다. 자신이 태어난 연월일시를 잘 알고 있어야 하고, 양력인지 음력인지 확실히 알고 있어야 한다. 그래야 사주팔자를 제대로 세울 수 있다.

## [1] 연주

사주팔자는 만세력을 보고 찾기도 하고, 컴퓨터 프로그램이나 인터넷에서도 쉽게 찾을 수 있다. 필자는 사주팔자의 오행을 점수화할 때 실제 기후를 중시하기 때문에 절기가 표시된 만세력을 중심으로 설명한다.

먼저 자신이 태어난 연도를 만세력에서 찾는다. 예를 들어 1970년생이 태어난 해는 경술(庚戌)년이다. 따라서 연주는 경술(庚戌)이다.

| 1970년생 | 시 | 일 | 월 | 연 |
|---|---|---|---|---|
| | ○ | ○ | ○ | 庚 |
| | ○ | ○ | ○ | 戌 |

연주를 찾을 때 주의할 점이 있다. 바로 연주가 바뀌는 기준, 즉 한 해가 새롭게 시작되는 기준이다. 많은 사람들이 양력이나 음력 1월 1일이 해가 바뀌는 기준이라고 짐작한다. 하지만 그 기준은 양력으로 입춘이 들어오는 때이다. 입춘이 들어오는 시간부터 비로소 한 해가 시작되기 때문에, 음력 1월 1일이 되어도 입춘이 지나지 않으면 전년도의 연주를 쓴다.

참고로 입춘은 24절기의 하나이다. 천구상에서 태양이 움직이는 길을 황도라고 하는데, 이 황도에 춘분점을 기점으로 15도 간격으로 점을 찍어 총 24개의 절기로 나타낸다. 12절기와 12중기로 되어 있어 절기와 중기가 번갈아 오는데, 1년 12달을 나타낼 때에는 12절기인 입춘, 경칩, 청명, 입하, 망종, 소서, 입추, 백로, 한로, 입동, 대설, 소한을 활용한다. 태양의 움직임을 기준으로 만들어졌기 때문에 해마다 돌아오는 절기는 날짜가 하루 이틀 차이밖에 나지 않고 거의 일정하다.

## ● 24절기

| 절기 | 양력날짜 | | 일몰시각 | 일출시각 | 의미 |
|---|---|---|---|---|---|
| 입춘 | 2월 3일~5일경 | 寅월 | 17:58 | 7:33 | 봄이 시작됨 |
| 우수 | 2월 18일~20일경 | | 18:15 | 7:17 | 봄비가 내리기 시작함 |
| 경칩 | 3월 5일~7일경 | 卯월 | 18:30 | 6:57 | 개구리가 겨울잠에서 깨어남 |
| 춘분 | 3월 20일~22일경 | | 18:44 | 6:35 | 낮이 길어져 낮밤의 길이가 같음 |
| 청명 | 4월 4일~6일경 | 辰월 | 18:58 | 6:13 | 맑고 밝은 봄날씨가 시작됨 |
| 곡우 | 4월 19일~21일경 | | 19:11 | 5:51 | 농삿비가 내림 |
| 입하 | 5월 5일~7일경 | 巳월 | 19:26 | 5:32 | 여름이 시작됨 |
| 소만 | 5월 20일~22일경 | | 19:39 | 5:19 | 조금씩 여름의 기운이 더해감 |
| 망종 | 6월 5일~7일경 | 午월 | 19:50 | 5:11 | 씨뿌리기 시작 |
| 하지 | 6월 21일~24일경 | | 19:57 | 5:11 | 여름의 절정으로 낮이 가장 긺 |
| 소서 | 7월 6일~8일경 | 未월 | 19:56 | 5:17 | 여름 더위가 시작됨 |
| 대서 | 7월 22일~24일경 | | 19:48 | 5:28 | 더위가 가장 심한 시기 |
| 입추 | 8월 7일~9일경 | 申월 | 19:33 | 5:41 | 가을이 시작됨 |
| 처서 | 8월 23일~24일경 | | 19:14 | 5:44 | 더위가 가고 일교차가 커짐 |
| 백로 | 9월 7일~9일경 | 酉월 | 18:52 | 6:07 | 이슬이 내리기 시작함 |
| 추분 | 9월 22일~24일경 | | 18:29 | 6:20 | 가을의 중간. 밤과 낮의 길이가 같음 |
| 한로 | 10월 8일~9일경 | 戌월 | 18:06 | 6:33 | 찬 이슬이 내림 |
| 상강 | 10월 23일~25일경 | | 17:44 | 6:48 | 서리가 내림 |
| 입동 | 11월 7일~8일경 | 亥월 | 17:17 | 7:03 | 겨울이 시작됨 |
| 소설 | 11월 22일~23일경 | | 17:17 | 7:18 | 눈이 오기 시작함 |
| 대설 | 12월 6일~8일경 | 子월 | 17:13 | 7:33 | 겨울 큰 눈이 옴 |
| 동지 | 12월 21일~23일경 | | 17:17 | 7:43 | 겨울의 절정. 밤이 가장 긺 |
| 소한 | 1월 5일~7일경 | 丑월 | 17:28 | 7:47 | 조금 추움. 겨울 추위가 시작됨 |
| 대한 | 1월 20일~21일경 | | 17:42 | 7:44 | 겨울 큰 추위 |

## [2] 월주와 일주

월주는 사주의 주인공이 태어난 달의 천간지지를 말하고, 일주는 태어난 날의 천간지지를 말한다. 먼저 월주는 연주와 마찬가지로 양력 1일이나 음력 1일을 기준으로 하지 않고 12절기의 절입일을 기준으로 한다. 예를 들어 새해가 시작되는 입춘부터 한 달 후인 경칩 사이는 인(寅)월이 되고, 경칩부터 청명 사이는 묘(卯)월이 된다. 일주가 절기상 어디에 속하는가를 보기 때문에 일주를 알아야 월주를 볼 수 있다.

앞서 1970년에 태어난 사람의 연주를 찾아보았다. 이 사람이 만약 음력 6월 9일에 태어났을 경우, 만세력에서 음력 6월 9일(양력으로는 7월 12일)을 찾으면 일진에 계사(癸巳)가 적혀 있다. 따라서 일주는 계사(癸巳)이다. 한편, 절기 중 소서가 양력으로는 7월 7일, 음력으로는 6월 4일 22시 11분에 시작되었다. 그러므로 음력 6월 9일은 소서에 속하는 달이니 계미(癸未)월이 된다.

먼저 1970년 음력 6월 9일에서 9일을 찾으면 계사(癸巳)일이다.

| 1970년 (음) 6월 9일 | 시 | 일 | 월 | 연 |
|---|---|---|---|---|
| | ○ | 癸 | ○ | 庚 |
| | ○ | 巳 | ○ | 戌 |

다음으로 1970년 음력 6월 9일이 어떤 절기에 속하는지를 본다. 소서에 속해 있으니 계미(癸未)월이다.

| 1970년 (음) 6월 9일 | 시 | 일 | 월 | 연 |
|---|---|---|---|---|
| | ○ | 癸 | 癸 | 庚 |
| | ○ | 巳 | 未 | 戌 |

## [3] 시주

시주는 사주의 주인공이 태어난 시간을 천간과 지지로 나타낸 것이다. 여기서 시간은 일간에 따라 정해지고, 시지는 12지지의 순서대로 2시간씩 배분된다. 아래의 생시조견표를 사용하면 시주를 쉽게 찾을 수 있다. 예를 들어 일간이 갑(甲)이나 기(己)이면 갑자(甲子)시, 을(乙)이나 경(庚)이면 병자(丙子)시로 시작한다. 다음으로 태어난 시간을 찾아가면 된다.

● 생시조견표

| 시간 \ 일간 | 甲·己 | 乙·庚 | 丙·辛 | 丁·壬 | 戊·癸 |
|---|---|---|---|---|---|
| 23:30~01:30 | 甲子 | 丙子 | 戊子 | 庚子 | 工子 |
| 01:30~03:30 | 乙丑 | 丁丑 | 己丑 | 辛丑 | 癸丑 |
| 03:30~05:30 | 丙寅 | 戊寅 | 庚寅 | 壬寅 | 甲寅 |
| 05:30~07:30 | 丁卯 | 己卯 | 辛卯 | 癸卯 | 乙卯 |
| 07:30~09:30 | 戊辰 | 庚辰 | 壬辰 | 甲辰 | 丙辰 |
| 09:30~11:30 | 己巳 | 辛巳 | 癸巳 | 乙巳 | 丁巳 |
| 11:30~13:30 | 庚午 | 壬午 | 甲午 | 丙午 | 戊午 |
| 13:30~15:30 | 辛未 | 癸未 | 乙未 | 丁未 | 己未 |
| 15:30~17:30 | 壬申 | 甲申 | 丙申 | 戊申 | 庚申 |
| 17:30~19:30 | 癸酉 | 乙酉 | 丁酉 | 己酉 | 辛酉 |
| 19:30~21:30 | 甲戌 | 丙戌 | 戊戌 | 庚戌 | 壬戌 |
| 21:30~23:30 | 乙亥 | 丁亥 | 己亥 | 辛亥 | 癸亥 |

한편, 태어난 시간에 따라 정해지는 시지는 다음 두 가지를 고려해야 한다.

## ① 표준시

표준시는 우리가 사용하는 시계시를 생각하면 된다. 문제는 태어난 지역에 따라 시차가 생긴다는 점이다. 지구가 한 바퀴 자전하는 데 24시간이 걸린다. 하루 24시간 동안 360도를 회전하기 때문에 결국 1시간에 15도씩, 즉 4분에 1도씩 회전하는 셈이다. 현재 세계 모든 나라는 영국 그리니치 천문대를 지나는 경도 0도의 본초자오선을 기준으로 편의상 동서로 각각 15도씩 나누어서 표준시를 정하고 있다.

원래 한국의 표준시 기준은 국토 중앙에 해당하는 동경 127도 30분이다. 그런데 표준시를 정하는 국제협약 때문에 동경 127도 30분 대신에 일본 오사카 근처 아카시 천문대가 있는 동경 135도를 표준시로 사용하고 있다. 따라서 이들 사이에는 30분의 오차가 생긴다. 예를 들어, 한국에서 시계가 낮 12시를 가리킬 때 자연시는 그보다 30분 느린 11시 30분이다. p.20의 생시조견표는 동경 135도 표준시 기준이다. 30분의 시간 차이가 보정되어 있으므로 한국에서 태어난 사람은 그대로 사용하면 된다.

한국이 처음부터 일본의 표준시를 사용한 것은 아니다. 북경의 표준시에 해당하는 동경 120도를 사용하기도 했고, 127도 30분을 사용하기도 했다. 다음 표에 그 내용을 정리하였다.

● 한국 표준시의 변화

| 기준 경선 | 기간 |
|---|---|
| 동경 127도 30분 (한국시) | 1908년 4월 29일 수요일 18시 30분을 18시로 조정 ~ 1912년 1월 1일 월요일까지 사용 |
| 동경 135도 (일본시) | 1912년 1월 1일 월요일 11시 30분을 12시로 조정 ~ 1954년 3월 21일 일요일까지 사용 |
| 동경 127도 30분 (한국시) | 1954년 3월 21일 일요일 00시 30분을 00시로 조정 ~ 1961년 8월 9일 수요일 24시까지 사용 |
| 동경 135도 (일본시) | 1961년 8월 10일 목요일 00시를 00시 30분으로 조정 ~ 현재까지 사용 중 |

한편, 동경 135도는 서울을 지나는 동경 127도보다 약 32분 빠르며, 한국에서

도 서울과 부산처럼 경도가 다른 지역에서는 시차가 발생한다. 따라서 태어난 지역의 정확한 시간을 알기 위해서는 다음과 같이 계산한다. 먼저 동경 135도 표준시를 사용한 해는 동경 135도와의 경도 차이와 시간 차이를 계산하여 당시의 동경 135도 표준시에서 빼준다. 그리고 동경 127도 30분 표준시를 사용한 해에는 동경 127도 30분과의 경도 차이와 시간 차이를 구하여 동경 127도 30분보다 서쪽이면 당시의 동경 127도 30분 표준시에서 빼주고, 동경 127도 30분보다 동쪽이면 더해준다.

● 각 지역의 경도별 표준시의 오차

| 지방 | 경도 | 동경 127도 30분 기준 | 동경 135도 기순 |
|------|------|----------------------|-----------------|
| 서울 | 126도 58분 46초 | 02분 05초 (+) | 32분 05초 (+) |
| 부산 | 129도 02분 53초 | 06분 12초 (−) | 23분 48초 (+) |
| 대구 | 128도 37분 05초 | 04분 28초 (−) | 25분 32초 (+) |
| 인천 | 126도 37분 07초 | 03분 32초 (+) | 33분 32초 (+) |
| 광주 | 126도 55분 39초 | 02분 17초 (+) | 32분 17초 (+) |
| 대전 | 127도 25분 23초 | 00분 19초 (+) | 30분 19초 (+) |
| 청주 | 127도 29분 00초 | 03분 03초 (+) | 30분 03초 (+) |
| 전주 | 127도 08분 55초 | 01분 24초 (+) | 31분 24초 (+) |
| 춘천 | 127도 44분 02초 | 00분 56초 (−) | 29분 04초 (+) |
| 강릉 | 128도 54분 11초 | 05분 37초 (−) | 24분 23초 (+) |
| 포항 | 129도 21분 42초 | 07분 27초 (−) | 22분 33초 (+) |
| 경주 | 129도 13분 18초 | 06분 53초 (−) | 23분 07초 (+) |
| 목포 | 126도 23분 27초 | 04분 26초 (+) | 34분 26초 (+) |
| 제주 | 126도 31분 56초 | 03분 52초 (+) | 33분 52초 (+) |

※ 시간 차이는 각 경도의 표준시에서 그 지역의 실제시를 뺀 것이다.

## ② 서머타임

서머타임(summer time)은 여름의 긴 낮시간을 좀 더 효율적으로 이용하기 위해 시간을 1시간 앞당기는 제도이다. 일광절약시간이라고도 한다. 한국에서 서머타임이 실시된 기간은 모두 12년이다. 지금은 서머타임을 실시하지 않지만, 과거 서머타임을 실시한 해에 태어난 사람은 사주팔자의 시지를 세울 때 표준시의 차이뿐만 아니라 서머타임으로 인한 시간차까지 고려해야 한다.

한국은 해마다 서머타임 적용기간이 다르고, 국립천문대에도 다음 자료 정도만 남아 있다. 또한 1960년대 이전에 태어난 사람은 정확한 출생 시간을 모르는 경우가 많으므로 서머타임 적용이 큰 의미가 없다.

● 서머타임 적용기간(양력)

| 연 도 | 기간 |
|---|---|
| 1948년 | 5월 31일 자정~9월 22일 자정 |
| 1949년 | 4월 3일 자정~9월 30일 자정 |
| 1950년 | 4월 1일 자정~9월 10일 자정 |
| 1955년 | 5월 5일~ ? |
| 1956년 | 5월 20일 자정~9월 29일 자정 |
| 1959년 | 5월 3일 자정~9월 19일 자정 |
| 1961년 | 서머타임 폐지 |
| 1987년 | 5월 10일 02시 ~ 10월 11일 03시 |
| 1988년 | 5월 8일 02시 ~ 10월 9일 03시 |

지금까지 설명한 내용을 잘 이해했다면 만세력을 활용하여 자신의 사주팔자를 뽑을 수 있을 것이다. 다음부터는 사주팔자 여덟 글자의 오행 점수를 분석하는 방법을 다룬다. 각 글자의 오행과 점수를 알아야 무존재, 고립, 발달, 과다, 태과다를 파악하여 사주에 필요한 오행을 찾아낼 수 있다.

# 2

## 사 주 팔 자 점 수 분 석

대덕 이론의 핵심은 사주팔자 여덟 글자를 점수화하여 오행의 무존재, 고립, 발달, 과다, 태과다를 분석한다는 것이다. 무존재, 고립, 발달, 과다, 태과다 오행을 알면 사주 주인공의 건강, 성격, 학업적성, 직업적성, 직무역량, 배우자와의 관계, 부모와의 관계를 이해할 수 있다. 나아가 각각의 오행에 배속된 방향과 색상을 실내 인테리어나 의상 코디 등에 다양하게 활용하여 운을 개선할 수 있다.

사주팔자 여덟 글자의 점수를 계산하는 방법은 『사주명리학 완전정복』에서 다룬 바 있다. 단, 월지를 날짜별로 세밀하게 나누면 점수 계산이 복잡해지기 때문에 이 책에서는 한 달을 기준으로 계산한다.

먼저 연간, 월간, 일간, 시간에는 전부 같은 10점씩을 준다. 천간은 지지와 달리 계절이나 시간의 영향을 받지 않으며, 연월일시 어디에 있든 오행의 변화가 없기 때문이다.

그러나 4개의 지지는 각각의 영향력에 따라 점수를 다르게 준다. 먼저 연지는 천간과 같이 10점을 주고, 일지는 15점을 준다. 똑같은 지지인데 연지는 지지 중에서 가장 적은 10점을 배분한다. 그 이유는 연월일시의 지지 중에서 연지의 오행 변화가 가장 적기 때문이다. 예를 들어보자. 12개의 지지 중에서 자(子)는 오행으로 수(水)에 속하고, 가장 차가운 성질을 갖고 있다. 한편 오(午)는 가장 강한 화(火)의 기운을 갖고 있다. 그런데 자(子)가 들어 있는 갑자(甲子)년, 병자(丙子)년, 무자(戊子)년, 경자(庚子)년, 임자(壬子)년이 특별히 더 추운가? 반대로 오(午)가 들어 있는 갑오(甲午)년, 병오(丙午)년, 무오(戊午)년, 경오(庚午)년, 임오(壬午)년이 더 더운가? 그렇지 않다. 연지 때문에 기후의 변화가 나타나지는 않는다. 그래서 연지에 천간과 같은 10점을 배분한다.

일지에는 연지보다 많은 15점을 준다. 연지와 마찬가지로 기후의 변화는 없지만, 일지의 기운이 사주 주인공에게 미치는 영향이 크기 때문이다. 예를 들어, 역마살인 인신사해(寅申巳亥), 도화살인 자오묘유(子午卯酉) 등은 다른 지지보다 일지에 있을 때 가장 강하다.

한편 사주 안에서 오행의 성질을 가장 강하게 나타내는 월지에는 30점, 하루 중 온도 차이가 가장 크게 나타나는 시지에는 15점을 준다. 그래서 사주팔자 여덟 글자의 점수를 모두 더하면 110점이 된다. 이 중에서 가장 복잡한 월지와 시지의 점수를 계산하는 방법에 대해 좀 더 자세히 설명한다.

● 간지의 점수 배정

| 천간 | 점수 | 지지 | 점수 |
|------|------|------|------|
| 연간 | 10 | 연지 | 10 |
| 월간 | 10 | 월지 | 30 |
| 일간 | 10 | 일지 | 15 |
| 시간 | 10 | 시지 | 15 |

# 1. 월지와 시지 분석의 의의

사주팔자에서 오행의 무존재, 고립, 발달, 과다, 태과다를 판단하기 위해서는 사주팔자 내의 오행과 기의 흐름을 분석해야 한다. 일반 이론에서는 명리학을 체계화하고 발전시킨 서자평(徐子平)의 학설을 따라서 일간을 중심으로 사주의 신강과 신약을 평가한다. 그러나 절기력을 사용한다는 점에서도 알 수 있듯이 사주명리학은 실제적인 기후 변화를 중시한다.

사주명리학은 절기를 바탕으로, 계절에 따라 변화하는 기운을 음양과 오행으로 변환하여 해석한다. 즉, 추운 겨울은 수(水)로 나타내고, 뜨거운 여름은 화(火)로 나타내며, 봄은 목(木)으로, 가을은 금(金)으로 나타낸다. 여기서 목(木)은 본격적인 여름 더위가 시작되기 전에 점점 더워지는 기운이고, 금(金)은 겨울의 본격적인 추위가 시작되기 전에 점점 차가워지는 기운이다. 필자는 사주팔자 내의 오행과 기의 흐름을 바탕으로 사주팔자에서 오행의 무존재, 고립, 발달, 과다, 태과다를 체계화하였다.

우선 1년 열두 달 계절에 따른 오행 변화를 알기 위해서는 월지를 분석한다. 그리고 하루 동안의 기후 변화, 즉 아침, 점심, 저녁, 밤으로 흘러가며 달라지는 기후 변화를 알기 위해서는 시지를 분석한다. 일단 사주팔자 여덟 글자 중에서 가장 복잡하고 어려운 월지와 시지 분석을 할 수 있다면, 나머지 글자는 정말 쉽고 간단하게 느껴질 것이다.

# 2. 월지 분석

월지의 점수는 30점으로 사주팔자 여덟 글자 중에서 가장 비중이 높다. 월지를 통해 절기(계절)의 정확한 상황을 읽어낼 수 있기 때문에 이렇게 가중치를 적용한다. 어렵게 생각하지 말고 월지는 각 절기와 계절의 모습을 나타낸다는 점을 기억하자. 다음 표는 한국의 1년 열두 달의 기후 특징을 간략하게 정리한 것인데, 이를 토대로 월지의 오행 점수를 분석할 수 있다.

● 월지별 계절과 특징

| 월지 | 날짜(양력) | 특징 |
|------|------------|------|
| 인(寅) | 2월 초 ~ 3월 초 | 추위 속에 봄 기운이 아주 미세하다 |
| 묘(卯) | 3월 초 ~ 4월 초 | 봄기운이 강하다 |
| 진(辰) | 4월 초 ~ 5월 초 | 봄기운이 강하다. 기온 변화가 크다 |
| 사(巳) | 5월 초 ~ 6월 초 | 여름의 시작이다. 아직은 덥지 않다 |
| 오(午) | 6월 초 ~ 7월 초 | 여름이다. 더워지기 시작한다 |
| 미(未) | 7월 초 ~ 8월 초 | 여름이다. 기온이 매우 높다 |
| 신(申) | 8월 초 ~ 9월 초 | 가을의 시작이지만 여전히 무덥다<br>장마와 태풍, 무더위가 섞여 있다 |
| 유(酉) | 9월 초 ~ 10월 초 | 가을이다. 가을의 기후가 가득하다 |
| 술(戌) | 10월 초 ~ 11월 초 | 가을이다. 가을의 기후가 가득하다 |
| 해(亥) | 11월 초 ~ 12월 초 | 겨울의 시작이다. 아직은 덜 춥다 |
| 자(子) | 12월 초 ~ 1월 초 | 겨울이다. 매우 춥다 |
| 축(丑) | 1월 초 ~ 2월 초 | 겨울이다. 매우 춥다 |

월지 오행은 실제 기후의 영향을 받아 다른 오행으로 변환되거나, 다른 오행의 기운이 섞이는 경우가 있다. 자오묘유(子午卯酉)월은 각 계절의 정중앙에 있기 때문에 원래의 오행 기운이 그대로 깃들어 있다. 하지만 진(辰)월과 술(戌)월은 환절기이기 때문에 두 가지 기운이 공존하게 된다. 또한 인(寅)월과 미(未)월, 신(申)월과 축(丑)월은 원래 오행이 아닌 다른 오행으로 변환된다.

### 인(寅)월

• 목(木) 1개, 수(水) 30점

사주에 필요한 오행 ● 사주팔자 점수 분석

- 본래 목(木)월이지만, 겨울에 해당하는 차가운 수(水)의 기운이 남아 있으므로 수(水) 30점으로 계산한다.

## 묘(卯)월

- 목(木) 1개, 목(木) 30점
- 계절의 한가운데에 속하는 달이다. 봄의 기운이 완연하므로 목(木) 30점으로 계산한다.

## 진(辰)월

- 토(土) 1개, 목(木) 15점 + 토(土) 15점
- 봄의 계절이면서 여름으로 넘어가는 환절기이다. 봄의 기운인 목(木)과 환절기인 토(土)가 함께한다.

## 사(巳)월

- 화(火) 1개, 화(火) 30점
- 봄에서 여름으로 변화하는 시기로, 더운 계절로 변화하기 때문에 본래 오행인 화(火) 30점을 그대로 사용한다.

## 오(午)월

- 화(火) 1개, 화(火) 30점
- 계절의 한가운데에 있으며 더운 화(火)이므로 화(火) 30점으로 계산한다.

## 미(未)월

- 토(土) 1개, 화(火) 30점
- 매우 더운 날씨이기 때문에 화(火) 30점으로 계산한다.

## 신(申)월

• 금(金) 1개, 화(火) 30점

• 본래 금(金)월이지만 여전히 무더우므로 화(火) 30점으로 계산한다.


## 유(酉)월

• 금(金) 1개, 금(金) 30점

• 계절의 한가운데에 속하는 달이다. 가을 기운이 완연하므로 금(金) 30점으로
  계산한다.


## 술(戌)월

• 토(土) 1개, 금(金) 15점 + 토(土) 15점

• 가을의 계절이면서 겨울로 넘어가는 환절기이다. 가을의 기운인 금(金)과 환
  절기인 토(土)가 함께한다.


## 해(亥)월

• 수(水) 1개, 수(水) 30점

• 가을에서 겨울로 변화하는 시기로, 차가운 계절로 변화하기 때문에 본래 오
  행인 수(水) 30점을 그대로 사용한다.


## 자(子)월

• 수(水) 1개, 수(水) 30점

• 계절의 한가운데에 속하는 달이다. 추운 수(水)이므로 수(水) 30점으로 계산
  한다.

## 축(丑)월

- 토(土) 1개, 수(水) 30점
- 매우 추운 날씨이기 때문에 수(火) 30점으로 계산한다.

# 3. 시 지 분 석

시지의 점수는 15점이며, 월지와 관련지어 계산한다.

## 인(寅)시

- 해자축인(亥子丑寅)월  목(木) 1개, 수(水) 15점
- 나머지 월  목(木) 1개, 목(木) 15점
- 본래 오행은 목(木)이지만, 추위가 계속되는 해자축인(亥子丑寅)월에는 수(水) 15점으로 계산한다.

## 묘(卯)시

- 목(木) 1개, 목(木) 15점

## 진(辰)시

- 묘진(卯辰)월  토(土) 1개, 목(木) 15점
- 나머지 월  토(土) 1개, 토(土) 15점
- 본래 오행은 토(土)이지만, 목(木)의 기운이 있는 묘진(卯辰)월은 목(木) 15점으로 계산한다.

## 사(巳)시

- 화(火) 1개, 화(火) 15점

## 오(午)시

• 화(火) 1개, 화(火) 15점

## 미(未)시

• 사오미신(巳午未申)월  토(土) 1개, 화(火) 15점

• 나머지 월  토(土) 1개, 토(土) 15점

• 본래 오행은 토(土)이지만, 뜨거운 화(火)의 기운이 계속되는 사오미신(巳午
未申)월에는 화(火) 15점으로 계산한다.

## 신(申)시

• 사오미신(巳午未申)월  금(金) 1개, 화(火) 15점

• 나머지 월  금(金) 1개, 금(金) 15점

• 본래 오행은 금(金)이지만, 뜨거운 화(火)의 기운이 계속되는 사오미신(巳午
未申)월에는 화(火) 15점으로 계산한다.

## 유(酉)시

• 금(金) 1개, 금(金) 15점

## 술(戌)시

• 유술(酉戌)월  토(土) 1개, 금(金) 15점

• 나머지 월  토(土) 1개, 토(土) 15점

• 본래 오행은 토(土)이지만, 금(金)의 기운이 있는 유술(酉戌)월은 금(金) 15점
으로 계산한다.

## 해(亥)시

• 수(水) 1개, 수(水) 15점

## 자(子)시

• 수(水) 1개, 수(水) 15점

## 축(丑)시

• 해자축인(亥子丑寅)월  토(土) 1개, 수(水) 15점
• 나머지 월  토(土) 1개, 토(土) 15점
• 본래 오행은 토(土)이지만, 추위가 계속되는 해자축인(亥子丑寅)월에는 수
  (水) 15점으로 계산한다.

## 4. 실전 사주 분석

| 1943년 (음) 12월 25일<br>미(未)시<br>전직 장군 | | 시 | 일 | 월 | 연 (乾) |
|---|---|---|---|---|---|
| | | 己 | 癸 | 乙 | 癸 |
| | | 未 | 未 | 丑 | 未 |

| 목(木) | 화(火) | 토(土) | 금(金) | 수(水) |
|---|---|---|---|---|
| 1개 | 0개 | 5개 | 0개 | 2개 |
| 10점 | 0점 | 50점 | 0점 | 50점 |

이 사주에서 오행의 개수와 점수를 분석하면 목(木) 1개 10점, 화(火) 0개 0점,
토(土) 5개 50점, 금(金) 0개 0점, 수(水) 2개 50점이다. 축(丑)월의 절기는 소한
이며, 양력 1월 초부터 2월 초는 추위가 계속되는 시기이므로 토(土)가 아닌 수
(水)로 본다.

| 1972년 (양) 8월 22일 유(酉)시 시나리오 작가 | 시 | 일 | 월 | 연 (坤) |
|---|---|---|---|---|
| | 乙 | 乙 | 戊 | 壬 |
| | 酉 | 酉 | 申 | 子 |

| 목(木) | 화(火) | 토(土) | 금(金) | 수(水) |
|---|---|---|---|---|
| 2개 | 0개 | 1개 | 3개 | 2개 |
| 20점 | 30점 | 10점 | 30점 | 20점 |

이 사주에서 오행의 개수와 점수를 분석하면 목(木) 2개 20점, 화(火) 0개 30점, 토(土) 1개 10점, 금(金) 3개 30점, 수(水) 2개 20점이다. 신(申)월의 절기는 입추이며, 양력 8월 초부터 9월 초는 무더위가 계속되는 시기이므로 금(金)이 아닌 화(火)로 본다.

| 1972년 (양) 10월 3일 유(酉)시 배우 고(故) 김주혁 | 시 | 일 | 월 | 연 (乾) |
|---|---|---|---|---|
| | 己 | 丁 | 己 | 壬 |
| | 酉 | 卯 | 酉 | 子 |

| 목(木) | 화(火) | 토(土) | 금(金) | 수(水) |
|---|---|---|---|---|
| 1개 | 1개 | 2개 | 2개 | 2개 |
| 15점 | 10점 | 20점 | 45점 | 20점 |

이 사주에서 오행의 개수와 점수를 분석하면 목(木) 1개 15점, 화(火) 1개 10점, 토(土) 2개 20점, 금(金) 2개 45점, 수(水) 2개 20점이다. 계절의 한가운데에 있는 유(酉)월은 원래 오행인 금(金)으로 본다.

| 1977년 (양) 7월 10일 진(辰)시 개그맨 박휘순 | | 시 일 월 연 (乾)<br>丙 戊 丁 丁<br>辰 辰 未 巳 | | |
|---|---|---|---|---|
| 목(木) | 화(火) | 토(土) | 금(金) | 수(水) |
| 0개 | 4개 | 4개 | 0개 | 0개 |
| 0점 | 70점 | 40점 | 0점 | 0점 |

이 사주에서 오행의 개수와 점수를 분석하면 목(木) 0개 0점, 화(火) 4개 70점, 토(土) 4개 40점, 금(金) 0개 0점, 수(水) 0개 0점이다. 미(未)월은 절기로 소서이며, 양력 7월 초부터 8월 초는 더운 시기이므로 토(土)가 아닌 화(火)로 본다.

| 1984년 (양) 1월 17일 축(丑)시 배우 장신영 | | 시 일 월 연 (坤)<br>丁 庚 乙 癸<br>丑 戌 丑 亥 | | |
|---|---|---|---|---|
| 목(木) | 화(火) | 토(土) | 금(金) | 수(水) |
| 1개 | 1개 | 3개 | 1개 | 2개 |
| 10점 | 10점 | 15점 | 10점 | 65점 |

이 사주에서 오행의 개수와 점수를 분석하면 목(木) 1개 10점, 화(火) 1개 10점, 토(土) 3개 15점, 금(金) 1개 10점, 수(水) 2개 65점이다. 축(丑)월은 절기로 소한이고, 양력 1월 초부터 2월 초는 추운 시기이므로 토(土)가 아닌 수(水)로 본다. 또한 겨울 해자축인(亥子丑寅)월의 축(丑)시 역시 수(水)로 본다. 따라서 이 사주에서 축(丑)월은 수(水) 30점, 축(丑)시는 수(水) 15점으로 분석한다.

| 1989년 (양) 10월 11일 술(戌)시 가수 헨리 | | 시 甲 戌 | 일 甲 辰 | 월 甲 戌 | 연 (乾) 己 巳 | |
|---|---|---|---|---|---|---|
| 목(木) | 화(火) | 토(土) | | 금(金) | | 수(水) |
| 3개 | 1개 | 4개 | | 0개 | | 0개 |
| 30점 | 10점 | 40점 | | 30점 | | 0점 |

이 사주에서 오행의 개수와 점수를 분석하면 목(木) 3개 30점, 화(火) 1개 10점, 토(土) 4개 40점, 금(金) 0개 30점, 수(水) 0개 0점이다. 술(戌)월은 금(金) 15점·토(土) 15점이며, 술(戌)월의 술(戌)시는 금(金) 15점으로 본다.

| 1972년 (양) 10월 10일 술(戌)시 방송인 김성주 | | 시 甲 戌 | 일 甲 戌 | 월 庚 戌 | 연 (乾) 壬 子 | |
|---|---|---|---|---|---|---|
| 목(木) | 화(火) | 토(土) | | 금(金) | | 수(水) |
| 2개 | 0개 | 3개 | | 1개 | | 2개 |
| 20점 | 0점 | 30점 | | 40점 | | 20점 |

이 사주에서 오행의 개수와 점수를 분석하면 목(木) 2개 20점, 화(火) 0개 0점, 토(土) 3개 30점, 금(金) 1개 40점, 수(水) 2개 20점이다. 술(戌)월은 금(金) 15점·토(土) 15점으로 분석하며, 술(戌)월의 술(戌)시는 금(金) 15점으로 분석한다.

| 1970년 (음) 6월 9일<br>묘(卯)시<br>배우 이병헌 | | 시 일 월 연 (乾)<br>乙 癸 癸 庚<br>卯 巳 未 戌 | | |
|---|---|---|---|---|
| 목(木) | 화(火) | 토(土) | 금(金) | 수(水) |
| 2개 | 1개 | 2개 | 1개 | 2개 |
| 25점 | 45점 | 10점 | 10점 | 20점 |

이 사주에서 오행의 개수와 점수를 분석하면 목(木) 2개 25점, 화(火) 1개 45점, 토(土) 2개 10점, 금(金) 1개 10점, 수(水) 2개 20점이다. 미(未)월은 절기로 소서이고, 양력 7월 초부터 8월 초까지는 더운 시기이므로 토(土)가 아닌 화(火)로 본다.

| 1972년 (양) 8월 14일<br>술(戌)시<br>방송인 유재석 | | 시 일 월 연 (乾)<br>庚 丁 戊 壬<br>戌 丑 申 子 | | |
|---|---|---|---|---|
| 목(木) | 화(火) | 토(土) | 금(金) | 수(水) |
| 0개 | 1개 | 3개 | 2개 | 2개 |
| 0점 | 40점 | 40점 | 10점 | 20점 |

이 사주에서 오행의 개수와 점수를 분석하면 목(木) 0개 0점, 화(火) 1개 40점, 토(土) 3개 40점, 금(金) 2개 10점, 수(水) 2개 20점이다. 신(申)월은 절기는 입추이고, 양력 8월 초부터 9월 초는 더위가 한창이므로 금(金)이 아닌 화(火)로 본다.

| 1974년 (음) 5월 27일 신(申)시 영화감독 장철수 | 시 일 월 연 (乾)<br>庚 戊 辛 甲<br>申 午 未 寅 | | | | |
|---|---|---|---|---|---|
| 목(木) | 화(火) | 토(土) | 금(金) | 수(水) | |
| 2개 | 1개 | 2개 | 3개 | 0개 | |
| 20점 | 60점 | 10점 | 20점 | 0점 | |

이 사주에서 오행의 개수와 점수를 분석하면 목(木) 2개 20점, 화(火) 1개 60점, 토(土) 2개 10점, 금(金) 3개 20점, 수(水) 0개 0점이다. 미(未)월은 절기로 소서 이고, 양력 7월 초부터 8월 초는 더울 때이므로 토(土)가 아닌 화(火)로 본다. 또한 사오미신(巳午未申)월의 신(申)시는 화(火) 15점으로 본다.

| 1999년 (양) 5월 3일 진(辰)시 | 시 일 월 연 (坤)<br>庚 乙 戊 己<br>辰 卯 辰 卯 | | | | |
|---|---|---|---|---|---|
| 목(木) | 화(火) | 토(土) | 금(金) | 수(水) | |
| 3개 | 0개 | 4개 | 1개 | 0개 | |
| 65점 | 0점 | 35점 | 10점 | 0점 | |

선천적으로 건강이 나쁜 사람의 사주이다. 이 사주에서 오행의 개수와 점수를 분석하면 목(木) 3개 65점, 화(火) 0개 0점, 토(土) 4개 35점, 금(金) 1개 10점, 수(水) 0개 0점이다. 진(辰)월은 양력 4월 초에서 5월 초이므로 목(木) 15점, 토(土) 15점으로 본다. 또한 진(辰)월의 진(辰)시는 목(木) 15점으로 분석한다.

사주에 필요한 오행 ● 사주팔자 점수 분석

| 1944년 (음) 3월 24일<br>진(辰)시<br>전 국무총리 한명숙 | | 시 일 월 연 (坤)<br>庚 庚 戊 甲<br>辰 戌 辰 申 | | |
|---|---|---|---|---|
| 목(木) | 화(火) | 토(土) | 금(金) | 수(水) |
| 1개 | 0개 | 4개 | 3개 | 0개 |
| 40점 | 0점 | 40점 | 30점 | 0점 |

이 사주에서 오행의 개수와 점수를 분석하면 목(木) 1개 40점, 화(火) 0개 0점, 토(土) 4개 40점, 금(金) 3개 30점, 수(水) 0개 0점이다. 진(辰)월은 봄의 계절로 서 양력 4월 초에서 5월 초이므로 목(木) 15점, 토(土) 15점으로 본다. 또한 진 (辰)월의 진(辰)시는 목(木) 15점으로 계산한다.

이 사주는 오(午)시라는 주장도 있지만, 살아온 인생역정을 살펴보면 진(辰)시가 정확할 것으로 추정된다. 정확한 생시를 알 수 없기에 과거의 살아 온 삶을 유추하여 시간을 알아볼 수밖에 없다.

# 긍정 심리는 행복을 가져온다

"긍정적인 사람을 만들기 위해서는 외부 도움보다는 자신의 의지가 훨씬 중요하다."
"행복은 누가 가르쳐주거나 훈련시키는 게 아니라 스스로의 발견과 창조를 통한 자기화의 과정이다."

긍정심리학을 창시한 미국 펜실베이니아대학교 심리학부 교수 마틴 셀리그먼 (Martin Seligman)이 긍정에 대해 설명한 말이다. 그는 행복의 3대 조건으로 즐거움, 몰입, 삶의 의미를 꼽았다. 그리고 행복해지는 십계명을 발표하였다.

1. 자신의 편견을 파악하라.
2. 모든 잘못을 '내 탓이오'라고 단정하지 마라.
3. 최악의 순간보다 최상의 순간을 상상하라.
4. 쉬운 해결책을 찾아라.
5. 성공했을 때의 모습을 상상하라.
6. 낙천주의자라면 어떻게 했을까 생각하라.
7. 좋았던 일의 목록을 만들어라.
8. 주위 사람들과 기쁨을 나누어라.
9. 즐길 수 있는 목표를 찾아라.
10. 자신이 할 수 있는 한계를 정하라.

행복은 삶에서 오는 평화로움과 안락함을 의미한다. 많은 사람들이 재물, 금전 등과 같은 경제적 풍요가 행복을 가져온다고 생각해서 사주, 타로 상담을 하면서도 언제 큰돈을 벌 수 있는지 질문한다. 그만큼 재물, 금전 등에 집착이 크다.
그러나 경제적 풍요, 지식, 권위, 좋은 외모가 행복을 보장하지는 않으며, 오히려 행복은 사랑하는 사람과의 결혼, 가족 간의 유대, 우정, 자존심, 희망, 정신적 활동 등에서 나온다.

## 무존재 · 고립 · 발달 · 과다 · 태과다

대덕 이론에서 사주팔자 여덟 글자의 점수를 모두 합하면 110점이다. 각각의 오행은 점수에 따라 무존재, 고립, 발달, 과다, 태과다로 분류된다. 그 중에서 발달은 해당 오행의 부드러운 성격과 특징이 많이 나타나는 반면, 그 오행의 강한 특징은 적게 나타난다. 반대로 과다에서 태과다로 갈수록 해당 오행의 부드러운 성격과 특징이 적게 나타나고, 그 오행의 강한 특징이 많이 나타난다.

여기서 한 가지 주의할 점이 있다. 모든 오행은 장점과 단점을 모두 가지고 있다. 어느 한 오행이 많다고 해서 반드시 단점만 있는 것은 아니다. 어떤 오행이든 발달한 오행은 안정적인 면을 발휘하고, 과다한 오행은 모험적인 면을 많이 발휘한다. 또한 단순히 오행의 개수와 점수만으로 판단해서는 안 된다. 특히 발달, 과다, 태과다의 경계일 때는 사주 주인공의 직업을 비롯한 사주의 전체적인 분위기를 고려하여 종합적으로 판단해야 한다.

한편, 오행과 마찬가지로 육친도 무존재, 고립, 발달, 과다, 태과다로 분류할 수 있다. 육친 활용법에 대해서는 chapter 3에서 다룬다.

## 1. 분류 기준

### 무존재

특정 오행의 점수가 0점일 때를 말한다. 대부분의 경우에는 사주원국에 아예 오행이 존재하지 않고 점수도 0점인 경우가 많지만, 사주원국에 오행이 존재해도 월지나 시지에서 다른 오행으로 변환되어 점수가 0점일 때도 있으므로 주의한다.

### 고립

고립은 말 그대로 주변에 자신을 도와주는 오행 없이 혼자 떨어져 있다는 의미이다. 고립은 무존재, 발달, 과다, 태과다에 비해 분석하기 어렵다. 무존재, 발달, 과다, 태과다는 점수가 없거나 30~50점, 50~80점, 80점 이상으로 분류하면 되는데, 고립은 점수로 분석하기보다는 자신의 주변 오행과 점수의 영향이 복합적으로 나타난다. 결국 고립을 판단하기 위해서는 그 오행을 둘러싼 천간과 지지를 하나하나 분석해야 한다.

### ① 고립이 아닌 오행

• 주변에 자신과 같은 오행이 1개 이상 있다.
• 주변에 자신을 생하는 오행이 1개 이상 있다. 단, 그 오행의 점수가 자신보다 2배 이상이면 안 된다.

## ② 고립인 오행

• 주변에 자신이 생하는 오행만 있다.

• 주변에 자신이 극하는 오행만 있다.

• 주변에 자신을 극하는 오행만 있다.

• 주변에 자신이 생하거나, 자신이 극하거나, 자신을 극하는 오행만 있다.

• 주변에 자신을 생하는 오행이 있는데 점수가 자신의 2배 이상이다. 이렇게
과다한 생을 받아 고립되는 경우를 생(生) 고립이라고 한다.


## 발 달

사주팔자에 존재하는 특정 오행의 짐수가 30~50점인 경우이다.


## 과 다

사주팔자에 존재하는 특정 오행의 점수가 50~80점인 경우이다.


## 태 과 다

사주팔자에 존재하는 특정 오행의 점수가 80점 이상인 경우이다.


● 점수별 오행 분류표

| 분류 | 점수 |
|------|------|
| 무존재 | 0점 |
| 고립 | 점수로 분류하지 않고 주변 오행과의 생극관계로 판단한다 |
| 발달 | 30~50점 |
| 과다 | 50~80점 |
| 태과다 | 80점 이상 |

여기서 주의할 점이 있다. 무존재는 아예 존재하지 않기 때문에 사주에 정확하

게 나타난다. 하지만 고립, 발달, 과다, 태과다는 사주 상황에 따라 약간의 변동이 있을 수 있다. 다시 말해서 사람에 따라, 직업에 따라, 오행에 따라, 신살에 따라 각각 영향력이 달라질 수 있다.

태과다를 예로 들어보자. 신부나 수녀처럼 자기 수양이 철저하고 평생 동안 기도하며 사는 사람들은 태과다의 영향이 적다. 공무원이나 가정주부는 신부나 수녀에 비해 태과다의 영향이 크지만, 과다는 영향이 없다. 마지막으로 사업가나 자영업자처럼 자신의 삶을 독자적으로 이끌고 가는 사람은 태과다의 영향이 크다. 이렇듯 태과다의 점수가 상황에 따라 달라질 수 있음을 명심해야 한다. 이러한 점을 고려한다면 80점은 과다일 수도 있고, 태과다일 수도 있다. 마찬가지로 50점은 발달일 수도 있고, 과다일 수도 있다.

## 2. 실전 사주 분석

### 태과다

태과다는 점수 분석으로 80점 이상이다.

| 1950년 (음) 2월 3일<br>인(寅)시<br>가수 조용필 | | 시 일 월 연 (乾)<br>戊 乙 己 庚<br>寅 卯 卯 寅 | | |
|---|---|---|---|---|
| 목(木) | 화(火) | 토(土) | 금(金) | 수(水) |
| 5개 | 0개 | 2개 | 1개 | 0개 |
| 80점 | 0점 | 20점 | 10점 | 0점 |

이 사주는 목(木) 5개 80점, 화(火) 0개 0점, 토(土) 2개 20점, 금(金) 1개 10점, 수(水) 0개 0점이다. 목(木)이 5개 80점이니 목(木) 오행이 태과다한 사주이다.

| 1962년 (음) 6월 17일<br>오(午)시 | | 시 일 월 연 (乾)<br>丙 丁 丁 壬<br>午 巳 未 寅 | | |
|---|---|---|---|---|
| **목(木)** | **화(火)** | **토(土)** | **금(金)** | **수(水)** |
| 1개 | 5개 | 1개 | 0개 | 1개 |
| 10점 | 90점 | 0점 | 0점 | 10점 |

이 사주는 목(木) 1개 10점, 화(火) 5개 90점, 토(土) 1개 0점, 금(金) 0개 0점, 수(水) 1개 10점이다. 화(火)가 90점으로 태과다한 사주이다. 정신분열증을 앓다 자살한 사람의 사주이다.

**과 다**

과다는 점수 분석으로 50~80점이다.

| 1968년 (음) 11월 5일<br>축(丑)시<br>배우 최진실 | | 시 일 월 연 (坤)<br>癸 戊 甲 戊<br>丑 辰 子 申 | | |
|---|---|---|---|---|
| **목(木)** | **화(火)** | **토(土)** | **금(金)** | **수(水)** |
| 1개 | 0개 | 4개 | 1개 | 2개 |
| 10점 | 0점 | 35점 | 10점 | 55점 |

이 사주는 목(木) 1개 10점, 화(火) 0개 0점, 토(土) 4개 35점, 금(金) 1개 10점, 수(水) 2개 55점이다. 수(水)가 55점으로 과다한 사주이다. 해자축인(亥子丑寅) 월의 축(丑)시는 수(水) 15점으로 분석한다.

| 1963년 (음) 2월 26일<br>자(子)시<br>정치인 송영길 | | 시 일 월 연 (乾)<br>壬 癸 乙 癸<br>子 亥 卯 卯 | | |
|---|---|---|---|---|
| 목(木) | 화(火) | 토(土) | 금(金) | 수(水) |
| 3개 | 0개 | 0개 | 0개 | 5개 |
| 50점 | 0점 | 0점 | 0점 | 60점 |

이 사주는 목(木) 3개 50점, 화(火) 0개 0점, 토(土) 0개 0점, 금(金) 0개 0점, 수(水) 5개 60점이다. 수(水)가 60점으로 과다한 사주이다. 또한 목(木)은 3개에 50점이므로 발달과 과다 모두에 속하는 사주이다.

**발달**

발달은 점수 분석으로 30점에서 50점이다.

| 1954년 (음) 7월 27일<br>자(子)시<br>시인·정치인 도종환 | | 시 일 월 연 (乾)<br>壬 癸 壬 甲<br>子 丑 申 午 | | |
|---|---|---|---|---|
| 목(木) | 화(火) | 토(土) | 금(金) | 수(水) |
| 1개 | 1개 | 1개 | 1개 | 4개 |
| 10점 | 40점 | 15점 | 0점 | 45점 |

이 사주는 목(木) 1개 10점, 화(火) 1개 40점, 토(土) 1개 15점, 금(金) 1개 0점, 수(水) 4개 45점이다. 화(火)가 40점, 수(水)가 45점으로 발달한 사주이다.

| 1973년 (음) 6월 29일<br>신(申)시<br>야구선수 박찬호 | | 시 일 월 연 (乾)<br>甲 乙 己 癸<br>申 丑 未 丑 | | |
|---|---|---|---|---|
| 목(木) | 화(火) | 토(土) | 금(金) | 수(水) |
| 2개 | 0개 | 4개 | 1개 | 1개 |
| 20점 | 45점 | 35점 | 0점 | 10점 |

이 사주는 목(木) 2개 20점, 화(火) 0개 45점, 토(土) 4개 35점, 금(金) 1개 0점, 수(水) 1개 10점이다. 화(火)가 45점, 토(土)가 35점으로 발달이다. 미(未)월은 화(火) 30점, 여름의 신(申)시는 화(火) 15점으로 분석한다.

### 무존재

무존재는 점수 분석으로 0점이다.

| 1972년 (양) 8월 14일<br>술(戌)시<br>방송인 유재석 | | 시 일 월 연 (乾)<br>庚 丁 戊 壬<br>戌 丑 申 子 | | |
|---|---|---|---|---|
| 목(木) | 화(火) | 토(土) | 금(金) | 수(水) |
| 0개 | 1개 | 3개 | 2개 | 2개 |
| 0점 | 40점 | 40점 | 10점 | 20점 |

이 사주는 목(木) 0개 0점, 화(火) 1개 40점, 토(土) 3개 40점, 금(金) 2개 10점, 수(水) 2개 20점이다. 목(木)이 0점으로 무존재이다.

| 1987년 (양) 3월 25일 유(酉)시 야구선수 류현진 | | 시 일 월 연 (乾)<br>辛 癸 癸 丁<br>酉 酉 卯 卯 | | |
|---|---|---|---|---|
| 목(木) | 화(火) | 토(土) | 금(金) | 수(水) |
| 2개 | 1개 | 0개 | 3개 | 2개 |
| 40점 | 10점 | 0점 | 40점 | 20점 |

이 사주는 목(木) 2개 40점, 화(火) 1개 10점, 토(土) 0개 0점, 금(金) 3개 40점, 수(水) 2개 20점이다. 토(土)가 0점으로 무존재이다.

## 고립

고립은 무존재, 발달, 과다, 태과다에 비해 분석하기 어렵다. 무존재, 발달, 과다, 태과다는 오행의 개수와 점수를 계산하면 되지만, 고립은 자기 주변 오행과 점수의 영향이 복합적으로 나타난다. 설명이 복잡하고 길어지기 때문에 다음 장에서 하나하나 자세하게 설명한다.

**4**

## 고립 분석법

고립은 주변 오행과 점수의 영향이 복합적으로 나타난다. 따라서 고립을 판단하기 위해서는 점수로 분석하기보다는 그 오행을 둘러싼 주위의 천간과 지지를 하나하나 분석해야 한다.

먼저 주변에 자신과 같은 오행 또는 자신을 생하는 오행이 하나라도 있으면 고립이 아니다. 쉽게 말해 자신을 도와주는 세력이 있으면 고립이 아니다. 하지만 여기에는 조건이 있다. 자신을 생하는 오행이 있더라도 점수가 자신보다 2배 이상이면 고립으로 판단한다. 생이 지나치면 생을 받는 오행에게 오히려 나쁜 영향을 미칠 수 있기 때문이다.

- 주변에 자신이 생하는 오행만 있다 → 고립
- 주변에 자신이 극하는 오행만 있다 → 고립
- 주변에 자신을 극하는 오행만 있다 → 고립
- 주변에 자신이 생하는 오행만 있거나, 자신이 극하는 오행만 있거나, 자신을 극하는 오행만 있다 → 고립
- 주변에 자신을 생하는 오행이 있는데 점수가 자신의 2배 이상이다 → 고립

## 1. 고립이 아닌 오행

주변에 자신과 같은 오행이나 자신을 생하는 오행이 있으면 고립이 아니다.

### [1] 주변에 자신과 같은 오행이 있는 경우

예)

| 시 | 일 | 월 | 연 |
|---|---|---|---|
|   | 乙 | 甲 |   |
|   | 卯 | 寅 |   |

이 사주에서 연간 갑목(甲木)의 고립 여부를 알아보자. 연간 갑목(甲木) 주변인 연지, 월간, 월지 세 곳의 오행을 살펴봐서 연간 갑목(甲木)과 같은 오행이 하나라도 있으면 고립이 아니다. 연지, 월간, 월지 모두가 목(木)이므로 연간 갑목(甲木)은 고립이 아니다.

예 )

| 시 | 일 | 월 | 연 |
|----|----|----|----|
|    |    | 甲 | 甲 |
|    |    | 子 | 寅 |

이 사주에서 연간 갑목(甲木)의 고립 여부를 알아보자. 연간의 주변인 연지, 월간, 월지를 보면 연지에 인목(寅木)이 있고, 월간에는 갑목(甲木)이 있다. 따라서 연간 갑목(甲木)은 고립이 아니다.

예 )

| 시 | 일 | 월 | 연 |
|----|----|----|----|
|    |    | 甲 | 甲 |
|    |    | 申 | 申 |

이 사주에서 연간 갑목(甲木)의 고립 여부를 알아보자 연간 주변인 연지, 월간, 월지 세 곳의 오행을 살펴보면 월간에 연간과 같은 갑목(甲木)이 있다. 따라서 연간 갑목(甲木)은 고립이 아니다.

예 )

| 시 | 일 | 월 | 연 |
|----|----|----|----|
| 辛 | 乙 | 乙 |    |
| 巳 | 卯 | 卯 |    |

이 사주에서는 일지 묘목(卯木)의 고립 여부를 알아보자. 일지 묘목(卯木) 주변인 월간, 월지, 일간, 시간, 시지 다섯 곳을 살펴보아야 한다. 월간에 을목(乙

木), 월지에 묘목(卯木), 일간에 을목(乙木)이 있으니 일지 묘목(卯木)은 고립이 아니다.

예)

| 시 | 일 | 월 | 연 |
|---|---|---|---|
| 乙 | 癸 | 甲 | |
| 卯 | 卯 | 寅 | |

이 사주에서 일간 계수(癸水)의 고립 여부를 알아보자. 일간 주변에 있는 월간, 월지, 일지, 시간, 시지에 계수(癸水)와 같은 오행인 수(水)나, 계수(癸水)를 생하는 금(金)이 있으면 고립이 아니다. 월지 인목(寅木)은 같은 오행인 수(水) 30점이므로 계수(癸水)는 고립이 아니다.

예)

| 시 | 일 | 월 | 연 |
|---|---|---|---|
| 辛 | 乙 | 壬 | 戊 |
| 酉 | 卯 | 子 | 戌 |

이 사주에서 일지 묘목(卯木)의 고립 여부를 알아보자. 일지 묘목(卯木) 주변인 월간, 월지, 일간, 시간, 시지 다섯 곳을 살펴봐야 한다. 일간에 을목(乙木)이 있고, 월간의 임수(壬水)와 월지의 자수(子水)가 생을 해주므로 일지 묘목(卯木)은 고립이 아니다.

## [2] 주변에 자신을 생하는 오행이 있는 경우
주변에 자신을 생하는 오행이 1개 이상 존재하면 고립이 아니다. 예를 들어,

연간 주변에 있는 연지, 월간, 월지 중에서 하나라도 연간을 생하면 이 연간은 고립이 아니다. 단, 주변의 생이 과다하면 고립으로 판단한다.

예)
|  | 시 | 일 | 월 | 연 |
|---|---|---|---|---|
|  |  |  | 丙 | 甲 |
|  |  |  | 午 | 子 |

이 사주에서 연간 갑목(甲木)의 고립 여부를 알아보자. 연간 주변의 연지, 월간, 월지 중에서 연간을 생하는 오행이 하나 이상 있으면 고립이 아니다. 연지에 있는 자수(子水)가 수생목(水生木)을 하니 연간 갑목(甲木)은 고립이 아니다.

예)
|  | 시 | 일 | 월 | 연 |
|---|---|---|---|---|
|  |  |  | 壬 | 甲 |
|  |  |  | 午 | 午 |

이 사주의 연간 갑목(甲木) 역시 월간에 있는 임수(壬水)가 수생목(水生木)으로 생해주므로 고립이 아니다.

## 2. 고립인 오행

### [1] 주변에 자신을 과도하게 생하는 오행이 있는 경우
자신을 생하는 오행이 적당히 있으면 고립이 아니지만, 생하는 정도가 과다하면 고립으로 판단한다. 이를 생(生) 고립이라고 한다.

예)

|  | 시 | 일 | 월 | 연 |
|---|---|---|---|---|
|  |  |  | 壬 | 甲 |
|  |  |  | 午 | 子 |

이 사주에서 연간 갑목(甲木)의 고립을 알아보자. 연간 주변, 즉 연지, 월간, 월지 중에서 하나라도 연간을 생하면 고립이 아니다. 하지만 수생목(水生木)을 하는 수(水)의 점수가 연간의 2배 이상이면 고립으로 판단한다.

연간 갑목(甲木)이 10점인데, 연지 자수(子水)와 월간 임수(壬水)가 각각 10점씩으로 주변에 수(水)가 20점이다. 수생목(水生木)이지만, 수(水)가 목(木)의 2배이니 과도한 생으로 나무가 썩는 형국이라서 고립이다. 다만, 점수가 정확하게 2배이니 큰 고립은 아니다. 점수가 2배를 넘으면 고립의 작용이 크다.

예)

|  | 시 | 일 | 월 | 연 |
|---|---|---|---|---|
|  |  |  | 戊 | 甲 |
|  |  |  | 寅 | 戌 |

이 사주에서 연간 갑목(甲木)의 고립을 알아보자. 연간 갑목(甲木) 주변에 있는 연지, 월간, 월지 중에서 하나라도 연간을 생하면 고립이 아니다. 월지 인목(寅木)을 보면 수(水) 30점이다. 수생목(水生木)으로 연간을 생하기는 하지만, 갑목(甲木)이 10점이고 수(水)가 30점이다. 너무 과도한 생을 하니 연간 갑목(甲木)이 고립된다.

예)

| 시 | 일 | 월 | 연 |
|---|---|---|---|
| 壬 | 壬 | 甲 | 甲 |
| 子 | 子 | 子 | 寅 |

이 사주에서 연간 갑목(甲木)의 고립을 알아보자. 연간 주변인 연지, 월간, 월지 중에서 하나 이상이 연간을 생하면 고립이 아니다. 연간 갑목(甲木)과 같은 오행인 연지 인목(寅木)과 월간 갑목(甲木)의 점수를 합하면 목(木)이 30점인데, 월지와 일간, 일지, 시간, 시지가 모두 수(水)로 뭉쳐 있고 80점이나 된다. 과도한 수생목(水生木)으로 연간 갑목(甲木)은 고립된다. 연지 인목(寅木)과 월간 갑목(甲木) 역시 고립된다.

예)

| 시 | 일 | 월 | 연 |
|---|---|---|---|
| 辛 | 乙 | 壬 | 壬 |
| 酉 | 卯 | 子 | 子 |

이 사주에서 일지 묘목(卯木)의 고립 여부를 알아보자. 일지 묘목(卯木)의 주변, 즉 월간, 월지, 일간, 시간, 시지를 모두 살펴봐야 한다. 이 사주는 일지 묘목(卯木)이 15점이고, 같은 오행인 일간 을목(乙木)이 10점으로 목(木)의 점수가 25점이다. 묘목(卯木) 주변에 있는 월간 임수(壬水)와 월지 자수(子水)를 합하면 수(水) 40점인데, 이들은 연간 임수(壬水)와 연지 자수(子水)와도 이웃하고 있어서 수(水)는 40점이 아니라 60점이 된다. 이렇듯 연주 임자(壬子)와 월주 임자(壬子)가 60점으로 25점인 일주 을묘(乙卯)를 생하니 2배 이상의 과도한 수생목(水生木)이라서 일지 묘목(卯木)과 일간 을목(乙木)은 고립된다.

## [2] 주변에 자신이 생하는 오행만 있는 경우

주변에 자신과 같은 오행이나 자신을 생하는 오행은 없고 자신이 생하는 오행만 있는 경우 역시 고립에 해당한다.

예)
| 시 | 일 | 월 | 연 |
|----|----|----|----|
| 辛 | 壬 |    |    |
| 亥 | 子 |    |    |

이 사주에서 시간 신금(辛金)의 고립 여부를 알아보자. 시간 신금(辛金) 주변에 있는 시지 해수(亥水), 일간 임수(壬水), 일지 자수(子水)를 살펴봐야 한다. 신금(辛金) 주변에 같은 오행인 금(金)이나 자신을 생하는 토(土)가 없고 자신이 생하는 수(水)만 있으므로 신금(辛金)은 고립에 해당한다.

예)
| 시 | 일 | 월 | 연 |
|----|----|----|----|
| 甲 | 癸 | 乙 |    |
| 寅 | 卯 | 卯 |    |

이 사주에서 일간 계수(癸水)의 고립 여부를 알아보자. 일간 오행의 고립을 판단하려면 그 주변에 있는 월간, 월지, 일지, 시간, 시지를 모두 살펴봐야 한다. 일간 계수(癸水) 주변에 같은 오행인 수(水)나 자신을 생하는 금(金)이 없고 자신이 생하는 목(木)만 있으므로 일간 계수(癸水)는 고립에 해당한다.

## [3] 주변에 자신이 극하는 오행만 있는 경우

주변에 자신과 같은 오행이나 자신을 생하는 오행이 없고 자신이 극하는 오행만 있어도 고립에 해당한다.

예)

| 시 | 일 | 월 | 연 |
|---|---|---|---|
|  | 己 | 甲 | 戊 |
|  | 未 | 戌 | 戌 |

이 사주에서 월간 갑목(甲木)의 고립 여부를 알아보자. 월간 주변의 연간, 연지, 월지, 일간, 일지를 모두 봐야 한다. 연간 무토(戊土)부터 연지 술토(戌土), 월지 술토(戌土), 일간 기토(己土), 일지 미토(未土)에 이르기까지 갑목(甲木)이 극하는 토(土)만 있다. 자신과 같은 오행인 목(木)도 없고, 목(木)을 생하는 수(水)도 없으므로 월간 갑목(甲木)은 고립에 해당한다.

예)

| 시 | 일 | 월 | 연 |
|---|---|---|---|
| 乙 | 乙 |  |  |
| 酉 | 卯 |  |  |

이 사주에서 시지 유금(酉金)의 고립 여부를 알아보자. 시지 유금(酉金)의 고립을 알아보려면 주변의 일간, 일지, 시간을 살펴봐야 한다. 일간 을목(乙木), 일지 묘목(卯木), 시간 을목(乙木) 모두 시지 유금(酉金)이 극하는 오행이다. 자신과 같은 오행인 금(金)이나 자신을 생해주는 토(土)가 없으니 시지 유금(酉金)은 고립이다.

## [4] 주변에 자신을 극하는 오행만 있는 경우

주변에 자신을 도와줄 세력, 즉 자신과 같은 오행이나 자신을 생하는 오행이 없고 자신을 극하는 오행만 있으면 고립이다.

예)

|  | 시 | 일 | 월 | 연 |
|---|---|---|---|---|
|  |  | 壬 | 壬 |  |
|  |  | 子 | 午 |  |

이 사주에서 연지 오화(午火)의 고립 여부를 알아보자. 연간, 월간, 월지를 살펴봐야 하는데, 연간 임수(壬水)와 월간 임수(壬水), 그리고 월지 자수(子水) 모두 연지 오화(午火)를 극하는 수(水)로 이루어져 있다. 같은 오행인 화(火) 또는 화(火)를 생하는 목(木)이 없으니 연지 오화(午火)는 고립이다.

예)

|  | 시 | 일 | 월 | 연 |
|---|---|---|---|---|
|  |  | 癸 | 壬 |  |
|  |  | 丑 | 午 |  |

이 사주에서 연지 오화(午火)의 고립 여부를 알아보자. 연간, 월간, 월지를 살펴봐야 하는데, 연간 임수(壬水)와 월간 계수(癸水)는 각각 수(水) 10점씩이고, 월지 축토(丑土)는 수(水) 30점이다. 이렇게 자신을 극하는 수(水)로 둘러싸여 있어서 연지 오화(午火)는 고립이다.

## [5] 여러 오행으로 고립된 사주

주변에 자신과 같은 오행이나 자신을 생하는 오행은 없고, 자신이 생하는 오행이나 자신이 극하는 오행 또는 자신을 극하는 오행만 있으면 고립이다.

예)

| 시 | 일 | 월 | 연 |
|----|----|----|----|
| 丁 | 癸 |    |    |
| 酉 | 卯 |    |    |

이 사주에서 시지 유금(酉金)의 고립 여부를 알아보자. 주변에 있는 일간, 일지, 시간을 살펴봐야 한다. 시지 유금(酉金)이 고립이 아니려면 주변에 같은 오행인 금(金)이나, 금(金)을 생하는 토(土)가 있어야 한다. 하지만 금(金)이 생하는 수(水), 금(金)이 극하는 목(木), 금(金)을 극하는 화(火)만 있으므로 시지 유금(酉金)은 고립이다.

예)

| 시 | 일 | 월 | 연 |
|----|----|----|----|
|    | 庚 | 丁 |    |
|    | 戌 | 亥 |    |

이 사주에서 연간 정화(丁火)의 고립 여부를 알아보자. 연간 주변의 연지, 월간, 월지를 살펴봐야 하는데, 연지에 해수(亥水), 월간에 경금(庚金), 월지에 술토(戌土)가 있다. 화(火)와 같은 오행인 화(火)나, 화(火)를 생하는 목(木)이 없으니 연간 정화(丁火)는 고립이다. 참고로 월지 술토(戌土)는 토(土) 15점, 금(金) 15점이다.

예)

| 시 | 일 | 월 | 연 |
|---|---|---|---|
|  | 辛 | 丁 |  |
|  | 未 | 亥 |  |

이 사주에서 연간 정화(丁火)의 고립 여부를 알아보자. 연간의 고립을 알아보려면 그 주변인 연지, 월간, 월지를 살펴봐야 한다. 연간 정화(丁火)의 주변인 연지 해수(亥水)와 월간 신금(辛金)은 연간 정화(丁火)를 도와주지 못하지만, 월지 미토(未土)는 화(火) 30점으로서 도와주니 연간 정화(丁火)는 고립이 아니다.

## 3. 월지 자체의 고립

월지 오행 중에서 계절의 영향으로 본래 오행의 역할을 제대로 못하여 고립되는 경우가 있다.

● 월지의 고립

| 월지 | 점수 | 영향 |
|---|---|---|
| 인(寅) | 수(水) 30점 | 목(木)이 수(水)에 고립되어 썩는다 |
| 진(辰) | 목(木) 15점<br>토(土) 15점 | 목(木)이 토(土)에 파묻힌다<br>토(土)가 목(木)에게 극을 당한다 |
| 미(未) | 화(火) 30점 | 토(土)가 화(火)에 메말라버린다 |
| 신(申) | 화(火) 30점 | 금(金)이 화(火)에 녹는다 |
| 술(戌) | 금(金) 15점<br>토(土) 15점 | 금(金)이 토(土)에 파묻힌다<br>토(土)가 금(金)에게 기운을 빼앗긴다 |
| 축(丑) | 수(水) 30점 | 토(土)가 수(水)에 떠내려간다 |

# 4. 실전 사주 분석

| 1957년 (음) 4월 18일<br>유(酉)시 | 시 | 일 | 월 | 연 (坤) |
|---|---|---|---|---|
| | 癸 | 己 | 乙 | 丁 |
| | 酉 | 丑 | 巳 | 酉 |

난소암, 유방암으로 사망한 여성의 사주이다. 연월일시 여덟 글자를 하나하나 분석해보자.

## 연간 정화(丁火)

연간의 고립은 연지, 월간, 월지의 세 곳을 살펴봐야 한다. 연지 유금(酉金)은 연간 정화(丁火)의 극을 받는 오행이고, 월간 을목(乙木)은 연간 정화(丁火)를 생하는 오행이며, 월지 사화(巳火)는 연간 정화(丁火)와 같은 오행이다. 자신과 같은 오행과 자신을 생하는 오행이 모두 있으니 연간 정화(丁火)는 고립이 아니다.

## 연지 유금(酉金)

연지의 유금(酉金)은 연간 정화(丁火)와 월지 사화(巳火)에게 극을 당하고, 월간 을목(乙木)을 극하며, 같은 오행인 금(金)과 자신을 생하는 오행인 토(土)가 없어서 고립된다. 다만, 사(巳)와 유(酉)가 합을 하여 금(金)을 생성하는데, 금(金)의 힘이 강해지므로 고립이 해소된다.

## 월간 을목(乙木)

월간의 고립은 연간, 연지, 월지, 일간, 일지의 다섯 곳을 살펴봐야 한다. 월간 을목(乙木) 주변에는 같은 오행인 목(木)도 없고 생해주는 수(水)도 없다. 자신이 생하는 연간 정화(丁火)와 월지 사화(巳火), 자신이 극하는 일간 기토(己土)와 일지 축토(丑土), 그리고 자신을 극하는 연지 유금(酉金)으로 둘러싸여 월간 을목(乙木)은 고립되어 있다.

## 월지 사화(巳火)

월지의 고립은 연간, 연지, 월간, 일간, 일지의 다섯 곳을 살펴봐야 한다. 연간 정화(丁火)가 같은 오행이고 월간 을목(乙木)이 목생화(木生火)로 생해주므로 월지 사화(巳火)는 힘이 강력하여 고립이 아니다.

## 일간 기토(己土)

일간의 고립은 월간, 월지, 일지, 시간, 시지의 다섯 곳을 살펴봐야 한다. 월지 사화(巳火)가 화생토(火生土)로 기토(己土)를 생하기는 하지만 화(火) 30점으로 너무 과다한 생이다. 시지는 토(土)가 생하는 금(金)이고, 시간은 토(土)가 극하는 수(水)이다. 하지만 오행이 같은 일지 축토(丑土)가 있기 때문에 일간 기토(己土)는 고립이 아니다.

## 일지 축토(丑土)

일지의 고립은 월간, 월지, 일간, 시간, 시지의 다섯 곳을 살펴봐야 한다. 오행이 같은 일간 기토(己土)가 있으므로 일지 축토(丑土)는 고립이 아니다.

## 시간 계수(癸水)

시간의 고립은 일간, 일지, 시지의 세 곳을 살펴봐야 한다. 시지 유금(酉金)이 금생수(金生水)를 해주므로 시간 계수(癸水)는 고립이 아니다.

## 시지 유금(酉金)

시지의 고립은 일간, 일지, 시간의 세 곳을 살펴봐야 한다. 일간 기토(己土)와 일지 축토(丑土)가 토생금(土生金)으로 자신을 생해주므로 시지 유금(酉金)은 고립이 아니다.

| 1950년생 (음) 2월 3일 인(寅)시 가수 조용필 | 시 | 일 | 월 | 연 (乾) |
|---|---|---|---|---|
| | 戊 | 乙 | 己 | 庚 |
| | 寅 | 卯 | 卯 | 寅 |

이 사주는 월간 기토(己土)와 시간 무토(戊土)가 고립이다. 기토(己土)는 목(木)의 극을 받고, 경금(庚金)을 생하느라 설기를 당하니 고립이다. 무토(戊土)는 자신을 둘러싼 을묘인(乙卯寅)의 극을 받고 있어 고립이다.

| 1965년 (음) 7월 7일 사(巳)시 가수 조관우 | 시 | 일 | 월 | 연 (乾) |
|---|---|---|---|---|
| | 己 | 己 | 癸 | 乙 |
| | 巳 | 丑 | 未 | 巳 |

이 사주는 월간 계수(癸水)가 고립이다. 시지의 사화(巳火) 역시 고립이지만, 사오미신(巳午未申)월의 사화(巳火)는 여름 낮이라서 뜨거운 기운이므로 고립이 해소된다. 월간 계수(癸水)가 고립이 아니려면 금(金)이나 수(水)가 있어야 한다.

## 대덕 PLUS⁺ | 합으로 인한 고립과 해소

고립에는 사주원국 자체의 고립이 있고, 사주원국의 글자들이 합을 하여 생기는 고립이 있다. 둘 중에서 합으로 인한 고립이 더 위험하다. 모든 경우의 합을 다루기 어려워서 이 책에서는 사주원국의 고립을 중심으로 설명했는데, 간단하게 합으로 인한 고립, 그리고 합으로 인한 고립의 해소에 대해 설명하면 다음과 같다.

### 1. 합으로 인한 고립

| 사주원국에는 고립된 오행(육친)이 없지만 서로 합을 하여 고립이 발생하는 경우이다. | 시 | 일 | 월 | 연 (乾) |
|---|---|---|---|---|
| | 己 | 甲 | 甲 | 甲 |
| | 巳 | 申 | 戌 | 寅 |

이 사주는 갑목(甲木) 3개와 인목(寅木) 1개, 모두 4개의 목(木)이 서로 붙어 있어 고립이 없다. 그런데 갑목(甲木)이 시간 기토(己土)와 갑기합(甲己合)을 하여 모두 토(土)로 변하니 연지 인목(寅木)이 토(土)에 고립되어버렸다.

### 2. 합으로 인한 고립 해소

| 사주원국에서 고립되었던 오행(육친)이 합을 하면서 고립에서 해소되는 경우이다. | 시 | 일 | 월 | 연 (乾) |
|---|---|---|---|---|
| | 己 | 甲 | 甲 | 甲 |
| | 巳 | 申 | 戌 | 寅 |

이 사주는 월지 술토(戌土)가 토(土) 15점인데 주변의 연간, 월간, 일간이 갑목(甲木)이고, 연지가 인목(寅木)이며, 일지가 신금(申金)이라서 자신과 같은 토(土) 오행이나 자신을 생해줄 화(火) 오행이 전혀 없다. 그러나 갑기합(甲己合)을 하여 천간이 모두 토(土)로 변하면서 월지 술토(戌土)는 주변의 도움을 받아 고립에서 벗어나게 되었다.

# 5

## 오행의 이해

## 1. 오행 분석의 의의

오행은 무존재, 고립, 발달, 과다, 태과다로 분류하여 분석해야 한다. 대덕 김동완 이론의 핵심이 바로 오행의 무존재, 고립, 발달, 과다, 태과다이다. 이 다섯 가지 기준에 따라 오행을 분류하면 사주 주인공의 성격, 심리나 기질은 물론 건강상태, 직업적성이나 학업적성, 업무역량 등을 분석할 수 있으므로 다양한 분야에서 코칭이 가능하다.

예를 들어 오행의 고립, 과다, 태과다를 통해 건강을 분석하고 예측할 수 있으므로 평소 건강검진이나 운동으로 건강을 관리하는 데 도움이 된다. 또 오행의 발달, 과다, 태과다를 통해 타고난 성격과 직업적성을 고려하여 자신에게 맞는 학과나 직업을 선택할 때 도움을 받을 수 있다. 그리고 성격이나 기질, 학업적성을 알면 부모는 자녀를 어떻게 교육하고 자녀는 스스로 어떻게 공부해야 할지 방법을 찾아낼 수 있으며, 교사는 학생들 각자가 가지고 있는 성격, 기질, 적성을 잘 분석하여 1:1 맞춤교육을 할 수 있다. 직장에서는 개개인의 업무역량을 분석하여 각자에게 최적화된 업무를 분담시켜 일의 효율을 높일 수 있다. 직원들도 자신의 장단점을 파악하여 장점을 적극적으로 활용하고 단점을 보완하여 업무역량을 향상시킬 수 있다. 또한 평가자들은 이러한 내용을 인사 관리나 경영에 효율적으로 활용할 수 있다. 만남을 시작하는 남녀나 결혼을 앞둔 커플은 스스로를 알고 상대의 성격, 기질, 심리 등을 더 깊이 이해하는 데 도움이 된다.

이와 같이 오행은 육친과 더불어 사주 주인공을 다각도로 파악할 수 있게 해주는 훌륭한 도구이다. 각자의 사주에서 오행의 무존재, 고립, 발달, 과다, 태과다를 알면 용신, 즉 자신의 사주에 필요한 오행을 알 수 있고, 그 오행이 나타내는 색상, 방향, 숫자, 보석, 발음(소리) 등을 활용하여 자신의 운명을 희망적으로 이끌어가는 데 도움을 받을 수 있다. 한마디로 말해서 무존재, 고립, 발달, 과다, 태과다 이론은 굿이나 부적을 통하지 않고 자신이 직접 자신의 운명을 개척해 나가는 방법을 제시한다고 할 수 있다.

## 2. 오행 분석의 응용

사주팔자에는 타고난 건강, 성격, 직업적성, 업무역량, 육친(사회생활과 가족관계) 등에 대한 정보가 들어 있어서 상담에 유용하게 활용할 수 있다. 사주팔자 여덟 글자의 오행을 비롯하여 음양, 일간, 신살, 육친을 모두 고려하는데, 오행과 육친은 무존재, 고립, 발달, 과다, 태과다로 분류하여 분석한다. 다음은 여러 가지 특성들을 파악하기 위한 분석 방법을 정리한 것이다.

## 건강

- 오행의 고립
- 오행의 과다
- 오행의 태과다
- 사주팔자 여덟 글자의 음양

## 성격

- 오행의 태과다 + 육친의 태과다 + 신살 + 일간 + 음양
- 오행의 과다 + 육친의 과다 + 신살 + 일간 + 음양
- 오행의 발달 + 육친의 발달 + 신살 + 일간 + 음양

## 직업적성, 학업적성

- 오행의 태과다 + 육친의 태과다 + 신살 + 일간 + 음양
- 오행의 과다 + 육친의 과다 + 신살 + 일간 + 음양
- 오행의 발달 + 육친의 발달 + 신살 + 일간 + 음양

## 업무역량

- 오행의 태과다 + 육친의 태과다 + 신살 + 일간 + 음양
- 오행의 과다 + 육친의 과다 + 신살 + 일간 + 음양
- 오행의 발달 + 육친의 발달 + 신살 + 일간 + 음양

## 사회생활의 성공 방향, 타고난 장점

- 오행의 태과다 + 육친의 태과다 + 신살 + 일간 + 음양
- 오행의 과다 + 육친의 과다 +신살 +일간 +음양
- 오행의 발달 + 육친의 발달 +신살 +일간 +음양

**육친의 실패, 육친의 문제, 사회적응 실패, 가족관계 문제, 사회관계 문제**

- 오행의 태과다 + 육친의 태과다 + 신살 + 음양
- 오행의 과다 + 육친의 과다 + 신살 + 음양
- 오행의 고립 + 육친의 고립 + 신살 + 음양
- 오행의 무존재 + 육친의 무존재 + 신살 + 음양

## 3. 오행의 속성

오행 목화토금수(木火土金水)는 각자 고유한 성격과 직업적성을 갖고 있으며, 건강과 관련하여 인체의 부위를 담당하고 있다.

### 성격
- **목(木)** 배려 지향, 인간 지향, 성장 지향, 교육 지향, 자유 지향
- **화(火)** 열정 지향, 모험 지향, 행동 지향, 활동 지향, 표현 지향
- **토(土)** 여유 지향, 평화 지향, 끈기 지향, 포용 지향, 관계 지향
- **금(金)** 계획 지향, 완벽 지향, 구조 지향, 원칙 지향, 실천 지향
- **수(水)** 생각 지향, 수리 지향, 창조 지향, 상상 지향, 정보 지향

### 직업적성
- **목(木)** 교육, 상담, 복지, 정치, 사법
- **화(火)** 예술, 교육, 체육, 경찰, 사법
- **토(土)** 무역, 중개, 외교, 건설, 정치
- **금(金)** 기계, 공학, IT, 경찰, 체육
- **수(水)** 전산, 회계, 금융, 문학, 정치

## 건강

### ① 육체적 건강

- **목(木)** 간, 담(쓸개), 수술, 뼈, 관절
- **화(火)** 소장, 심장, 혈관질환과 순환기질환(고혈압 · 중풍 · 뇌출혈 · 뇌일혈)
- **토(土)** 위장, 비장, 비뇨기과, 산부인과
- **금(金)** 대장, 폐, 뼈
- **수(水)** 산부인과, 비뇨기과

### ② 정신적 건강

- **목(木)** 행복공포증, 이성개조 성향, 평강공주증후군
- **화(火)** 정신분열증, 애완동물집착증, 정서산만, 화병, 주의력 결핍 및 과잉행동 장애(ADHD)
- **토(土)** 평화집착증, 나태와 태만(게으름), 폭식증, 리플리증후군, 과도한 고립
- **금(金)** 자폐증, 게임중독증, 사이코패스, 각종 집착증, 완벽증후군
- **수(水)** 건강염려증, 리플리증후군, 음식중독증(마약, 술, 담배), 소시오패스, 파랑새증후군

오행의 태과다, 과다, 발달에 일간을 추가하여 성격과 기질, 직업적성 등의 일부를 분석할 수 있다. 종합적인 분석을 원한다면 오행 이외에 육친, 신살, 음양, 합충 등을 폭넓게 활용한다. 하지만 여기에서는 육친과 음양, 신살, 합충으로 나타나는 특성은 생략하고 오행에서 나타나는 성격과 기질을 중심으로 설명한다. 참고로 발달은 그 오행이 가진 부드러운 특성이 나타나는 반면, 과다와 태과다는 그 오행이 가진 강한 특성이 나타난다. 그러나 발달이나 과다와 태과다 모두 근본 성질은 크게 다르지 않다.

　　태과다, 과다, 발달, 일간은 순서에 따라 적용한다. 먼저 태과다가 있으

면 태과다의 성격이나 기질, 특성이 가장 강하게 나타난다. 태과다가 없는 경우에는 과다가 강하게 나타나며, 발달과 일간은 비슷하게 나타난다. 과다 하나에 발달이 있다면 과다의 성향이 조금 더 강하게 나타나고, 발달과 일간의 성향이 섞여서 다중성격으로 나타난다.

또한 오행과 음양, 분리공포의 여부로 육체적 · 정신적 건강을 분석해낼 수 있다. 특히 오행에서 70% 정도가 나타나고, 음양에서 30%가 나타나기 때문에 오행을 주의 깊게 살펴야 한다. 그 중에서도 오행의 태과다와 고립이 중요하다.

　　육체적 건강은 오행과 음양으로 분석할 수 있고, 정신적 건강은 오행과 음양, 그리고 분리공포의 경험 여부가 중요하게 작용한다. 정신적 건강은 부모와의 분리공포, 첫사랑과의 분리공포, 배우자나 자식과의 분리공포, 예를 들어 직업을 가지지 못하여 생기는 사회와의 분리공포 등 다양한 형태의 분리공포가 음양오행과 결합되어 작용한다. 오행과 관련된 내용만 정리하면, 육체적 건강은 오행의 태과다와 과다, 고립으로 분석하고, 정신적 건강은 오행의 태과다와 과다, 분리공포를 결합하여 분석한다.

## 4. 실전 사주 분석

다음 사주 사례에서 무존재는 포함되어 있지 않다. 무존재인 오행은 단순히 그 특성이 나타나지 않는다고 보면 된다.

### 고립
오행의 고립으로는 육체적 건강을 분석한다.

| 1966년 (음) 6월 20일<br>오(午)시 | | 시 | 일 | 월 | 연 (乾) |
|---|---|---|---|---|---|
| | | 丙 | 丁 | 乙 | 丙 |
| | | 午 | 酉 | 未 | 午 |

| 목(木) | 화(火) | 토(土) | 금(金) | 수(水) |
|---|---|---|---|---|
| 1개 | 5개 | 1개 | 1개 | 0개 |
| 10점 | 85점 | 0점 | 15점 | 0점 |

이 사주는 목(木) 1개 10점, 화(火) 5개 85점, 토(土) 1개 0점, 금(金) 1개 15점, 수(水) 0개 0점이다. 화(火)가 태과다이고, 월간 을목(乙木)과 일지 유금(酉金)이 고립이다. 목(木)은 건강으로 간, 담(쓸개), 뼈, 수술에 해당한다. 특히 목(木)이 화(火)에 둘러싸여 고립되면 갑작스런 사고사를 조심해야 한다. 사주의 주인공은 다툼으로 사망하였다.

| 1953년 (음) 3월 27일<br>묘(卯)시 | | 시 | 일 | 월 | 연 (坤) |
|---|---|---|---|---|---|
| | | 辛 | 辛 | 丁 | 癸 |
| | | 卯 | 酉 | 巳 | 巳 |

| 목(木) | 화(火) | 토(土) | 금(金) | 수(水) |
|---|---|---|---|---|
| 1개 | 3개 | 0개 | 3개 | 1개 |
| 15점 | 50점 | 0점 | 35점 | 10점 |

이 사주는 목(木) 1개 15점, 화(火) 3개 50점, 토(土) 0개 0점, 금(金) 3개 35점, 수(水) 1개 10점이다. 연간 계수(癸水)와 시지 묘목(卯木)이 고립이다. 목(木)은 건강으로 간, 담(쓸개), 뼈, 수술에 해당하고, 수(水)는 비뇨기과, 산부인과에 해당한다. 사주의 주인공은 뇌종양으로 사망하였다.

| 1984년 (양) 12월 29일<br>인(寅)시 | | | 시 일 월 연 (坤)<br>壬 丁 丙 甲<br>寅 酉 子 子 | | |
|---|---|---|---|---|---|
| 목(木) | 화(火) | 토(土) | 금(金) | 수(水) |
| 2개 | 2개 | 0개 | 1개 | 3개 |
| 10점 | 20점 | 0점 | 15점 | 65점 |

이 사주는 목(木) 2개 10점, 화(火) 2개 20점, 토(土) 0개 0점, 금(金) 1개 15점, 수(水) 3개 65점이다. 추운 해자축인(亥子丑寅)월의 인(寅)시는 목(木)이 아닌 수(水) 15점으로 본다. 연간 갑목(甲木), 월간 병화(丙火), 일간 정화(丁火)가 연지, 월지, 일지, 시지, 시간에 의해 고립되었다. 사주의 주인공은 심장병으로 사망하였다.

**발달**

발달은 그 오행이 가진 부드러운 성격 특성이 나타난다.

| 1923년 (양) 9월 22일<br>사(巳)시<br>전 영부인 이희호 | | | 시 일 월 연 (坤)<br>丁 戊 辛 癸<br>巳 戌 酉 亥 | | |
|---|---|---|---|---|---|
| 목(木) | 화(火) | 토(土) | 금(金) | 수(水) |
| 0개 | 2개 | 2개 | 4개 | 2개 |
| 0점 | 25점 | 25점 | 40점 | 20점 |

이 사주는 목(木) 0개 0점, 화(火) 2개 25점, 토(土) 2개 25점, 금(金) 4개 40점, 수(水) 2개 20점이다. 금(金) 발달은 원칙, 규칙, 계획, 정의로움, 완벽을 상징한다.

| 1958년 (음) 11월 11일<br>신(申)시<br>큰스님 | | 시 | 일 | 월 | 연 (乾) |
|---|---|---|---|---|---|
| | | 戊 | 壬 | 甲 | 戊 |
| | | 申 | 申 | 子 | 戌 |

| 목(木) | 화(火) | 토(土) | 금(金) | 수(水) |
|---|---|---|---|---|
| 1개 | 0개 | 3개 | 2개 | 2개 |
| 10점 | 0점 | 30점 | 30점 | 40점 |

이 사주는 목(木) 1개 10점, 화(火) 0개 0점, 토(土) 3개 30점, 금(金) 2개 30점,
수(水) 2개 40점이다. 토(土) 30점, 금(金) 30점, 수(水) 40점으로 오행 3개가 발
달이다. 특히 수(水) 발달은 감수성이 뛰어나고 머리가 총명하다.

| 1992년 (양) 7월 8일<br>유(酉)시<br>축구선수 손흥민 | | 시 | 일 | 월 | 연 (乾) |
|---|---|---|---|---|---|
| | | 乙 | 乙 | 丁 | 壬 |
| | | 酉 | 酉 | 未 | 申 |

| 목(木) | 화(火) | 토(土) | 금(金) | 수(水) |
|---|---|---|---|---|
| 2개 | 1개 | 1개 | 3개 | 1개 |
| 20점 | 40점 | 0점 | 40점 | 10점 |

이 사주는 목(木) 2개 20점, 화(火) 1개 40점, 토(土) 1개 0점, 금(金) 3개 40점,
수(水) 1개 10점이다. 월지 미토(未土)는 토(土)가 아닌 화(火) 30점이다. 이 사
주는 화(火) 40점, 금(金) 40점으로 오행 2개가 발달되었다. 화(火)는 열정, 활
동, 모험, 행동을 상징하고 운동과 무용 등에 능력이 있다. 금(金)은 계획, 규
칙, 완벽을 상징한다.

| 1963년 (음) 5월 25일 사(巳)시 배우 | | 시 | 일 | 월 | 연 (乾) |
|---|---|---|---|---|---|
| | | 己 | 己 | 己 | 癸 |
| | | 巳 | 未 | 未 | 卯 |

| 목(木) | 화(火) | 토(土) | 금(金) | 수(水) |
|---|---|---|---|---|
| 1개 | 1개 | 5개 | 0개 | 1개 |
| 10점 | 45점 | 45점 | 0점 | 10점 |

이 사주는 목(木) 1개 10점, 화(火) 1개 45점, 토(土) 5개 45점, 금(金) 0개 0점, 수(水) 1개 10점이다. 월지 미토(未土)는 토(土)가 아닌 화(火)이다. 이 사주는 화(火) 45점, 토(土) 45점으로 오행 2개가 발달되었다. 화(火)는 열정, 모험, 행동, 표현을 상징하고, 토(土)는 관계, 어울림, 끈기를 상징한다.

| 1965년 (음) 9월 10일 유(酉)시 배우 | | 시 | 일 | 월 | 연 (乾) |
|---|---|---|---|---|---|
| | | 丁 | 辛 | 乙 | 乙 |
| | | 酉 | 卯 | 酉 | 巳 |

| 목(木) | 화(火) | 토(土) | 금(金) | 수(水) |
|---|---|---|---|---|
| 3개 | 2개 | 0개 | 3개 | 0개 |
| 35점 | 20점 | 0점 | 55점 | 0점 |

이 사주는 목(木) 3개 35점, 화(火) 2개 20점, 토(土) 0개 0점, 금(金) 3개 55점, 수(水) 0개 0점이다. 목(木)이 35점으로 발달되었다. 목(木)은 성장, 자유, 도움, 교육을 상징한다.

## 과다

오행 과다의 사주에서도 건강 문제가 나타날 수 있다.

| 1941년 (음) 2월 13일<br>오(午)시 | | 시 | 일 | 월 | 연 (乾) |
|---|---|---|---|---|---|
| | | 丙 | 丁 | 辛 | 辛 |
| | | 午 | 巳 | 卯 | 巳 |

| 목(木) | 화(火) | 토(土) | 금(金) | 수(水) |
|---|---|---|---|---|
| 1개 | 5개 | 0개 | 2개 | 0개 |
| 30점 | 60점 | 0점 | 20점 | 0점 |

이 사주는 목(木) 1개 30점, 화(火) 5개 60점, 토(土) 0개 0점, 금(金) 2개 20점, 수(水) 0개 0점이다. 화(火)가 60점으로 과다하며, 금(金)도 고립이다. 사주의 주인공은 폐암으로 사망하였다.

| 1942년 (음) 4월 25일<br>오(午)시<br>정치인 박지원 | | 시 | 일 | 월 | 연 (乾) |
|---|---|---|---|---|---|
| | | 丙 | 壬 | 丙 | 壬 |
| | | 午 | 辰 | 午 | 午 |

| 목(木) | 화(火) | 토(土) | 금(金) | 수(水) |
|---|---|---|---|---|
| 0개 | 5개 | 1개 | 0개 | 2개 |
| 0점 | 75점 | 15점 | 0점 | 20점 |

이 사주는 목(木) 0개 0점, 화(火) 5개 75점, 토(土) 1개 15점, 금(金) 0개 0점, 수(水) 2개 20점이다. 화(火)가 75점으로 과다이다. 녹내장이 와서 실명을 하고 수술 후 의안을 착용한다.

| 1965년 (음) 9월 10일<br>유(酉)시<br>배우 | | 시 | 일 | 월 | 연 (乾) |
|---|---|---|---|---|---|
| | | 丁 | 辛 | 乙 | 乙 |
| | | 酉 | 卯 | 酉 | 巳 |

| 목(木) | 화(火) | 토(土) | 금(金) | 수(水) |
|---|---|---|---|---|
| 3개 | 2개 | 0개 | 3개 | 0개 |
| 35점 | 20점 | 0점 | 55점 | 0점 |

이 사주는 목(木) 3개 35점, 화(火) 2개 20점, 토(土) 0개 0점, 금(金) 3개 55점,
수(水) 0개 0점이다. 금(金)이 55점으로 과다이다. 사주의 주인공은 교통사고를
당했다.

| 1928년 (음) 12월 4일<br>술(戌)시<br>전 대통령 김영삼 | | 시 | 일 | 월 | 연 (乾) |
|---|---|---|---|---|---|
| | | 甲 | 己 | 乙 | 戊 |
| | | 戌 | 未 | 丑 | 辰 |

| 목(木) | 화(火) | 토(土) | 금(金) | 수(水) |
|---|---|---|---|---|
| 2개 | 0개 | 6개 | 0개 | 0개 |
| 20점 | 0점 | 60점 | 0점 | 30점 |

이 사주는 목(木) 2개 20점, 화(火) 0개 0점, 토(土) 6개 60점, 금(金) 0개 0점, 수
(水) 0개 30점이다. 토(土)가 60점으로 과다이다. 전립선 비대증 수술을 받았다.

| 1952년 (음) 11월 5일<br>자(子)시<br>정치인 임내현 | | 시 일 월 연 (乾)<br>戊 辛 壬 壬<br>子 丑 子 辰 | | |
|---|---|---|---|---|
| 목(木) | 화(火) | 토(土) | 금(金) | 수(水) |
| 0개 | 0개 | 3개 | 1개 | 4개 |
| 0점 | 0점 | 35점 | 10점 | 65점 |

이 사주는 목(木) 0개 0점, 화(火) 0개 0점, 토(土) 3개 35점, 금(金) 1개 10점, 수(水) 4개 65점이다. 수(水)가 65점으로 과다이다. 사주 주인공은 무단횡단을 하다가 사망하였다.

**태 과 다**

과다와 마찬가지로 그 오행이 가진 강한 성격 특성과 육체적 건강이 나타난다.

| 1962년 (음) 6월 17일<br>오(午)시 | | 시 일 월 연 (乾)<br>丙 丁 丁 壬<br>午 巳 未 寅 | | |
|---|---|---|---|---|
| 목(木) | 화(火) | 토(土) | 금(金) | 수(水) |
| 1개 | 5개 | 1개 | 0개 | 1개 |
| 10점 | 90점 | 0점 | 0점 | 10점 |

이 사주는 목(木) 1개 10점, 화(火) 5개 90점, 토(土) 1개 0점, 금(金) 0개 0점, 수(水) 1개 10점이다. 화(火)가 90점으로 태과다이다. 월지 미토(未土)는 화(火) 30점이다. 사주 주인공은 정신분열증을 앓다 자살하였다.

| 1963년 (음) 10월 2일 신(申)시 | | 시 일 월 연 (坤)<br>壬 甲 癸 癸<br>申 子 亥 卯 | | |
|---|---|---|---|---|
| **목(木)** | **화(火)** | **토(土)** | **금(金)** | **수(水)** |
| 2개 | 0개 | 0개 | 1개 | 5개 |
| 20점 | 0점 | 0점 | 15점 | 75점 |

이 사주는 목(木) 2개 20점, 화(火) 0개 0점, 토(土) 0개 0점, 금(金) 1개 15점, 수(水) 5개 75점이다. 수(水)가 75점인데 금(金)이 15점으로 금생수(金生水)를 하니 수(水)가 90점에 가까운 태과다 사주이다. 또한 일간 갑목(甲木)과 시지 신금(申金)이 고립이다. 사주 주인공은 소아마비 지체장애 1급이다.

| 1967년 (양) 7월 17일 오(午)시 | | 시 일 월 연 (乾)<br>丙 壬 丁 丁<br>午 午 未 未 | | |
|---|---|---|---|---|
| **목(木)** | **화(火)** | **토(土)** | **금(金)** | **수(水)** |
| 0개 | 5개 | 2개 | 0개 | 1개 |
| 0점 | 90점 | 10점 | 0점 | 10점 |

이 사주는 목(木) 0개 0점, 화(火) 5개 90점, 토(土) 2개 10점, 금(金) 0개 0점, 수(水) 1개 10점이다. 화(火)가 90점으로 태과다이다. 사주 주인공은 살인을 저질렀다.

| 1972년 (양) 12월 17일 | | | 시 | 일 | 월 | 연 (乾) |
|---|---|---|---|---|---|---|
| 해(亥)시 | | | 辛 | 壬 | 壬 | 壬 |
| 가수 서태지 | | | 亥 | 午 | 子 | 子 |

| 목(木) | 화(火) | 토(土) | 금(金) | 수(水) |
|---|---|---|---|---|
| 0개 | 1개 | 0개 | 1개 | 6개 |
| 0점 | 15점 | 0점 | 10점 | 85점 |

이 사주는 목(木) 0개 0점, 화(火) 1개 15점, 토(土) 0개 0점, 금(金) 1개 10점, 수(水) 6개 85점이다. 수(水)가 85점으로 태과다이다.

| 1963년 (양) 1월 10일 | | | 시 | 일 | 월 | 연 (乾) |
|---|---|---|---|---|---|---|
| 해(亥)시 | | | 癸 | 癸 | 癸 | 壬 |
| 의사 | | | 亥 | 丑 | 丑 | 寅 |

| 목(木) | 화(火) | 토(土) | 금(金) | 수(水) |
|---|---|---|---|---|
| 1개 | 0개 | 2개 | 0개 | 5개 |
| 10점 | 0점 | 15점 | 0점 | 85점 |

이 사주는 목(木) 1개 10점, 화(火) 0개 0점, 토(土) 2개 15점, 금(金) 0개 0점, 수(水) 5개 85점이다. 월지 축토(丑土)는 수(水) 30점이다. 수(水)가 85점으로 태과다이다. 사주 주인공은 신경정신과 교수이다.

# 일반 이론의 용신 VS 대덕 이론의 용신

필자의 대덕 이론에서 사주팔자를 판단하는 기준은 오행과 육친의 무존재, 고립, 발달, 과다, 태과다이다. 흔히 사주명리학에서 가장 중요한 것은 용신 찾기라고 한다. 용신이란 사주팔자에 필요한 오행과 육친을 말하는데, 일반 이론과 대덕 이론의 가장 큰 차이가 바로 용신에 있다.

## 1. 일반 이론

일반 이론에서는 용신(用神), 희신(喜神), 기신(忌神), 구신(仇神), 한신(閑神)을 사용한다. 용신은 사주팔자에 필요한 오행과 육친으로서 천간, 지지, 지장간 중 하나이다. 희신은 용신을 생하거나 용신이 생하는 오행과 육친이다. 기신은 용신을 극하는 오행과 육친이고, 구신은 희신을 극하는 오행과 육친이다. 마지막으로 한신은 용신, 희신, 기신, 구신이 아닌 오행과 육친이다.

### 용신 찾는 법

일반 이론에서 용신을 찾는 가장 대표적인 방법으로 억부(抑扶)와 조후(調候)가 있다. 일간이 약하면 일간을 도와주는 오행을 쓰고, 일간이 강하면 일간의 힘을 빼주는 오행을 쓰는 것이 억부이다. 억부용신은 신강신약용신(身强身弱用神)이라고도 한다. 신강한 사주는 식신, 상관, 편재, 정재, 편관, 정관 중에서 용신을 정한다. 신약한 사주는 편인, 정인, 비견, 겁재, 식신, 상관 중에서 용신을 정한다. 한편, 기후를 조절해주는 방법을 조후라고 한다. 추운 사주는 목(木), 화(火), 미(未), 술(戌) 중에서 용신을 정하고, 더운 사주는 금(金), 수(水), 축(丑), 진(辰) 중에서 용신을 정한다.

전왕용신(專旺用神) 또는 종용신(從用神)도 있는데, 편중된 사주는 편중된 오행과 육친으로 용신을 정하는 방법이다. 예를 들어, 비겁으로 편중된 사주는 비겁을 용신으로 정하고(종왕격), 식상으로 편중된 사주는 식상으로 용신을 정하며(종아격), 재성으로 편중된 사주는 재성으로 용신을 정한다(종재격). 관성으로 편중된 사주는 관성으로 용신을 정하고(종관격), 인성으로 편중된 사주는 인성으로 용신을 정한다(종강격). 목(木)으로 편중된 사주는 목(木)으로 용신을 정하고(곡직격), 화(火)로 편중된 사주는 화(火)로 용신을 정한다(염상격). 토(土)로 편중된 사주는 토(土)로 용신을 정하고(가색격), 금(金)으로 편중된 사주는 금(金)으로 용신을 정하며(종혁격), 수(水)로 편중된 사주는 수(水)로 용신을 정한다(윤하격).

사주팔자에 두 기운이 강하게 대립하고 있을 때 둘을 화해시켜주는 통관용신(通關用神)도 있다. 하지만 통관용신은 억부용신의 일부이기 때문에 억부용신에 통합시키면 된다. 병약용신(病藥用神)은 용신이 병이 걸렸는데 사주에 약이 있는 경우를 말하는데, 이것은 용신을 정하는 것이 아니고 사주 구성에 대한 설명이다.

## 용신의 등급

일반 이론에서는 다음 기준에 따라 용신의 등급을 정한다.

- 신강한 사주면 상(上), 신약한 사주면 하(下)
- 용신이 천간에 있으면 상, 용신이 지지에 있으면 중, 용신이 지장간에 있으면 하
- 용신이 많은 오행의 생을 받으면 상, 용신이 많은 오행을 극하면 중, 용신이 많은 오행에게 극을 받으면 하
- 용신이 주변에서 비화(比和, 같은 오행을 만나는 것)나 생으로 도움을 받거나 용신이 힘이 있으면 상. 용신이 주변에서 비화나 생으로 도움을 받지 못하거나 용신이 힘이 없으면 하
- 용신이 형충파해를 받지 않으면 상, 용신이 형충파해를 받으면 하
- 용신이 합으로 사라지지 않으면 상, 용신이 합으로 사라지면 하

따라서 일반 이론에서 가장 좋은 사주는 신강한 사주이면서, 용신이 천간에 있으면서, 용신이 많은 오행의 생을 받으면서, 용신이 주변에서 비화를 만나거나 생을 만나면서, 용신이 형충파해를 받지 않으면서, 용신이 합으로 사라지지 않는 사주다.

일반 이론에서 가장 나쁜 사주는 신약한 사주이면서, 용신이 지장간에 있으면서, 용신이 많은 오행의 극을 받으면서, 용신이 주변의 도움(비화나 생)을 받지 못하면서, 용신이 형충파해를 받으면서, 용신이 합이 되어 기신이나 구신이 되는 사주다.

## 2. 대덕 이론

대덕 이론에서는 기존 이론의 용신, 희신, 기신, 구신, 한신 중에서 용신만 사용하고, 나머지는 사용하지 않는다. 또한 대덕 이론에서는 오행과 육친의 고립, 무존재, 발달, 과다, 태과다로 나누어 용신을 구한다.

### 무존재
• 무존재와 같은 오행과 육친을 사용한다.

### 고립
• 고립과 같은 오행과 육친을 사용한다.
• 고립을 생하는 오행과 육친을 사용한다. 단, 과도한 생은 고립을 가중시킬 수 있다.

### 발달
• 발달과 같은 오행과 육친을 사용한다. 단, 약하게 들어와야 한다.
• 발달을 생하는 오행과 육친을 사용한다. 단, 약하게 생해주어야 한다.
• 같은 오행이 강하게 들어오거나 생하는 오행이 강하게 들어오면 과다가 되어 오히려 불리해진다.

### 과다
• 과다를 극하는 오행과 육친을 사용한다.
• 과다가 극하는 오행과 육친을 사용한다.

### 태과다
• 태과다를 극하는 오행과 육친을 사용한다.
• 태과다가 극하는 오행과 육친을 사용한다.

CHAPTER

2

오 행 활 용 법

五行

## 사주 코칭의 이해

Chapter 1에서는 만세력을 활용해 자신의 사주팔자를 직접 세우고, 사주팔자 여덟 글자의 오행 개수와 점수를 계산하여 오행의 무존재, 고립, 발달, 과다, 태과다를 판단하는 방법을 설명하였다. 사주팔자를 읽고 각자의 성격이나 기질, 건강 등을 파악하기 위한 기본 과정이므로 오행 분석법을 꼭 숙지하기 바란다.

사주명리학은 한 사람의 사주를 여러 각도로 읽고 다양한 분야에서 도움을 줄 수 있다. 우선 사주명리학은 기본적으로 운명학이기 때문에 각자에게 일어날 수 있는 삶의 변화와 변동 등 사건사고에 대처할 수 있게 도와준다. 그리고 심리 분야에서는 기질과 성격을, 교육 분야에서는 학업적성을, 인사 경영에서는 직업적성과 직무역량을 분석하는 데 활용할 수 있으며, 나아가 개개인이 각자의 능력을 최대한 발휘하여 목표를 이루도록 도와줄 수 있다. 한의학의 관점에서는 사주팔자의 음양오행으로 건강을 분석하고 예측할 수 있으며, 사주에 필요한 오행의 방향이나 색상을 실생활에서 활용하여 타고난 사주를 긍정적으로 변화시킬 수도 있다. 이를 통틀어 사주 코칭이라고 할 수 있다.

운명을 알아맞히는 것보다 더 중요한 것은 운명을 변화시키는 것이다. 우리 주위에는 누군가의 삶을 정확하게 알아맞힌다고 과대광고를 하거나, 자신이 족집게라며 거들먹거리는 사이비가 많이 존재한다. 타인의 삶을 알아맞힌다는 것이 무슨 의미가 있는가? 부정적인 인생을 산다는 예언이 당사자에게 얼마나 큰 상처이고 아픔이겠는가? 과거보다 지금이, 지금보다 미래가 조금 더 나아질 수 있게 도와주는 것이 운명학의 본질이라고 본다.

이 장에서는 자신에게 부족한 오행의 기운은 보강하고, 반대로 과다한 오행의 기운은 자제시켜주는 용신 활용법을 풍수학과 색채심리학의 관점에서 다루고자 한다. 풍수학의 방향(방위)과 색채심리학의 색채 활용을 사주명리학에 적용하려면 오행의 무존재, 고립, 발달, 과다, 태과다를 알아야 한다. 무존재, 고립, 발달, 과다, 태과다가 바로 사주 필요한 오행을 찾는 기준이기 때문이다. 오행 활용법을 간략하게 소개하면, 무존재와 고립은 각각 그 오행에 힘을 실어줄 수 있는 색상과 방향을 활용하고, 과다와 태과다는 그 오행의 힘을 빼주는 색상과 방향을 써서 사주 주인공의 운명을 희망적으로 이끌어주는 방법이다.

## 1. 오행의 방향과 색상

오행의 방향과 색상을 활용하기 위해서는 오행 목화토금수(木火土金水)가 각각 어떤 방향과 색상을 나타내는지 알아야 한다.

● 오행의 방향과 색상

| 오행 | 방향 | 색상 |
|---|---|---|
| 목(木) | 동쪽 | 청색 계열 |
| 화(火) | 남쪽 | 적색 계열 |
| 토(土) | 중앙 | 황색 계열 |
| 금(金) | 서쪽 | 백색 계열 |
| 수(水) | 북쪽 | 흑색 계열 |

방향을 활용할 때는 현관문이나 방문을 오행의 방향으로 내거나, 방 한가운데를 기준으로 침대나 책상 등의 가구를 오행의 방향을 향해 배치하는 방법이 있다.

색상과 관련하여 청색 계열의 대표적인 색은 파란색과 초록색(녹색)이고, 적색 계열의 대표적인 색은 빨간색과 분홍색이다. 황색 계열의 대표적인 색은 노란색과 주황색(오렌지색)이고, 백색 계열의 대표적인 색은 흰색과 아이보리색, 흑색 계열의 대표적인 색은 검은색과 회색이다.

방향과 색상 이외에도 오행이 가진 속성 중에서 발음(소리)과 숫자 역시 다양하게 활용된다. 이와 관련된 내용은 뒷부분에서 자세하게 다룬다.

● 오행의 발음(소리)과 숫자

| 오행 | 발음(소리) | 숫자 |
|---|---|---|
| 목(木) | ㄱ, ㅋ | 3, 8 |
| 화(火) | ㄴ, ㄷ, ㅌ, ㄹ | 2, 7 |
| 토(土) | ㅇ, ㅎ | 5, 10 |
| 금(金) | ㅅ, ㅈ, ㅊ | 4, 9 |
| 수(水) | ㅁ, ㅂ, ㅍ | 1, 6 |

## 2. 오행 활용의 원칙

오행 활용법은 사주에 필요한 오행의 색상, 방향, 숫자, 음식, 보석 등을 사용하여 한 사람의 운명을 긍정적으로 변화시켜주는 학문적인 방법이다. 무존재와 고립은 보완해주고, 발달은 그대로 잘 유지시키며, 과다와 태과다는 억제해주는 오행 활용법을 통해 나 자신과 타인의 삶에 희망을 줄 수 있다.

### 태과다·과다의 활용 원칙

태과다와 과다를 억제할 수 있도록 그 오행을 극하는 오행, 다음으로 그 오행이 극하는 오행의 색상과 방향을 활용한다.

### ① 목(木)이 태과다·과다인 경우

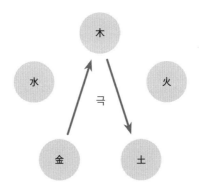

- 목(木)을 극하는 금(金), 목(木)이 극하는 토(土)를 활용한다.
- **좋은 색상** 금(金)의 백색 계열, 토(土)의 황색 계열
- **좋은 방향** 금(金)의 서쪽, 토(土)의 중앙

② 화(火)가 태과다·과다인 경우

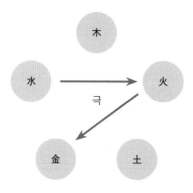

- 화(火)를 극하는 수(水), 화(火)가 극하는 금(金)을 활용한다.
- 좋은 색상  수(水)의 흑색 계열, 금(金)의 백색 계열
- 좋은 방향  수(水)의 북쪽, 금(金)의 서쪽

③ 토(土)가 태과다·과다인 경우

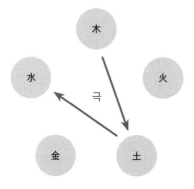

- 토(土)를 극하는 목(木), 토(土)가 극하는 수(水)를 활용한다.
- 좋은 색상  목(木)의 청색 계열, 수(水)의 흑색 계열
- 좋은 방향  목(木)의 동쪽, 수(水)의 북쪽

④ 금(金)이 태과다·과다인 경우

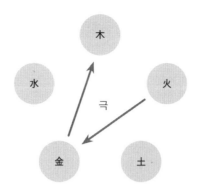

- 금(金)을 극하는 화(火), 금(金)이 극하는 목(木)을 활용한다.
- **좋은 색상** 화(火)의 적색 계열, 목(木)의 청색 계열
- **좋은 방향** 화(火)의 남쪽, 목(木)의 동쪽

⑤ 수(水)가 태과다·과다인 경우

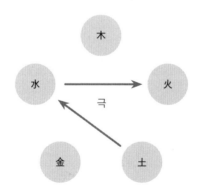

- 수(水)를 극하는 토(土), 수(水)가 극하는 화(火)를 활용한다.
- **좋은 색상** 토(土)의 황색 계열, 화(火)의 적색 계열
- **좋은 방향** 토(土)의 중앙, 화(火)의 남쪽

## 무존재의 활용 원칙

무존재는 사주원국에 없는 오행을 말한다. 목(木)이 없으면 목(木), 화(火)가 없으면 화(火), 토(土)가 없으면 토(土), 금(金)이 없으면 금(金), 수(水)가 없으면 수(水)의 색상과 방향을 활용한다.

## 고립의 활용 원칙

고립된 오행에 힘을 더해줄 수 있도록 고립과 같은 오행, 그 다음에는 고립을 생하는 오행의 색상과 방향을 활용한다.

## ① 목(木)이 고립인 경우

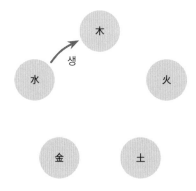

- 같은 오행인 목(木)을 활용하거나, 목(木)을 생하는 수(水)를 활용한다.
- **좋은 색상** 목(火)의 청색 계열, 수(水)의 흑색 계열
- **좋은 방향** 목(木)의 동쪽, 수(水)의 북쪽

② 화(火)가 고립인 경우

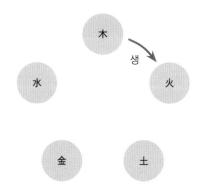

- 같은 오행인 화(火)를 활용하거나, 화(火)를 생하는 목(木)을 활용한다.
- **좋은 색상** 화(火)의 적색 계열, 목(木)의 청색 계열
- **좋은 방향** 화(火)의 남쪽, 목(木)의 동쪽

③ 토(土)가 고립인 경우

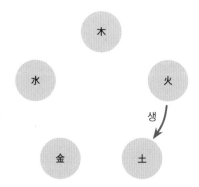

- 같은 오행인 토(土)를 활용하거나, 토(土)를 생하는 화(火)를 활용한다.
- **좋은 색상** 토(土)의 황색 계열, 화(火)의 적색 계열
- **좋은 방향** 토(土)의 중앙, 화(火)의 남쪽

④ 금(金)이 고립인 경우

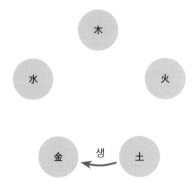

- 같은 오행인 금(金)을 활용하거나, 금(金)을 생하는 토(土)를 활용한다.
- **좋은 색상**  금(金)의 백색 계열, 토(土)의 황색 계열
- **좋은 방향**  금(金)의 서쪽, 토(土)의 중앙

⑤ 수(水)가 고립인 경우

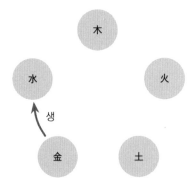

- 같은 오행인 수(水)를 활용하거나, 수(水)를 생하는 금(金)을 활용한다.
- **좋은 색상**  수(水)의 흑색 계열, 금(金)의 백색 계열
- **좋은 방향**  수(水)의 북쪽, 금(金)의 서쪽

# 3. 방향 활용

대덕 이론의 기본은 무존재, 고립, 발달, 과다, 태과다이다. 무존재와 고립은 도와주어야 하고, 과다와 태과다는 억제해주어야 한다. 이러한 원칙을 바탕으로 각각의 사주에 필요한 오행을 방향에 접목하여 실생활에서 활용할 수 있다. 단, 발달은 오행이 조화를 이룬 상태이므로 여기에서는 제외한다.


- 무존재는 무존재 오행의 방향을 활용한다.
- 고립은 고립 오행, 그리고 고립 오행을 생하는 오행의 방향을 활용한다.
- 과다는 과다 오행을 극하는 오행, 그리고 과다 오행이 극하는 오행의 방향을 활용한다. 여기서 과다 오행이 극하는 오행은 과다 오행을 극하는 오행을 생한다. 예를 들어, 과다 오행이 목(木)이라면, 목(木)은 토(土)를 목극토(木剋土)로 극한다. 그리고 토(土)는 목(木)을 극하는 금(金)을 토생금(土生金)으로 생한다.
- 태과다는·태과다 오행을 극하는 오행, 그리고 태과다 오행이 극하는 오행의 방향을 활용한다. 과다와 마찬가지로, 태과다 오행이 극하는 오행은 태과다 오행을 극하는 오행을 생한다. 예를 들어, 태과다 오행이 화(火)라면, 화(火)는 금(金)을 화극금(火剋金)으로 극한다. 그리고 금(金)은 화(火)를 극하는 수(水)를 금생수(金生水)로 생한다.
- 대덕 이론에서는 하나의 사주에 무존재, 고립, 발달, 과다, 태과다 오행이 공존할 수 있다. 개별 오행마다 무존재, 고립, 발달, 과다, 태과다를 따지기 때문이다. 이처럼 하나의 사주에 필요한 오행이 여러 개인 경우에는 우선순위에 따라 오행을 활용한다. 제일 먼저 활용해야 할 것은 가장 부정적인 태과다 오행, 다음에는 고립 오행이다. 그리고 두 오행이 없으면 과다 오행과 무존재 오행을 활용한다.

## 무존재

사주에 없는 무존재 오행은 바로 그 오행을 활용한다.

| 1998년 (양) 1월 1일 자(子)시 봅슬레이 선수 강한 | | 시 일 월 연 (乾) 壬 戊 壬 丁 子 申 子 丑 | | |
|---|---|---|---|---|
| 목(木) | 화(火) | 토(土) | 금(金) | 수(水) |
| 0개 | 1개 | 2개 | 1개 | 4개 |
| 0점 | 10점 | 20점 | 15점 | 65점 |

이 사주는 목(木) 0개 0점, 화(火) 1개 10점, 토(土) 2개 20점, 금(金) 1개 15점, 수(水) 4개 65점으로 구성되어 있다. 목(木)이 0개 0점이므로 무존재이니 목(木) 의 방향인 동쪽을 활용해야 한다. 침대나 책상을 동쪽에 놓고, 방문이나 현관 문을 동쪽으로 낸다.

| 1950년 (음) 2월 3일 인(寅)시 가수 조용필 | | 시 일 월 연 (乾) 戊 乙 己 庚 寅 卯 卯 寅 | | |
|---|---|---|---|---|
| 목(木) | 화(火) | 토(土) | 금(金) | 수(水) |
| 5개 | 0개 | 2개 | 1개 | 0개 |
| 80점 | 0점 | 20점 | 10점 | 0점 |

이 사주는 목(木) 5개 80점, 화(火) 0개 0점, 토(土) 2개 20점, 금(金) 1개 10점, 수(水) 0개 0점으로 구성되어 있다. 화(火)가 0점, 수(水)가 0점으로 무존재이다. 따라서 이 사주는 화(火)와 수(水)의 방향을 적극적으로 활용해야 자신이 하고

자 하는 일, 자신이 원하는 일에 행운이 따르게 된다.

화(火)의 방향은 남쪽이고 수(水)의 방향은 북쪽이다. 그러므로 실내 인테리어에 남쪽과 북쪽을 활용한다. 예를 들어, 침대나 책상 등의 가구를 북쪽이나 남쪽에 놓고, 현관문이나 방문을 낼 때 북쪽이나 남쪽으로 낸다.

| 1976년 (윤달) 8월 18일 축(丑)시 야구선수 이승엽 | | 시 일 월 연 (乾)<br>己 丙 戊 丙<br>丑 申 戌 辰 | | |
|---|---|---|---|---|
| 목(木) | 화(火) | 토(土) | 금(金) | 수(水) |
| 0개 | 2개 | 5개 | 1개 | 0개 |
| 0점 | 20점 | 60점 | 30점 | 0점 |

이 사주는 목(木) 0개 0점, 화(火) 2개 20점, 토(土) 5개 60점, 금(金) 1개 30점, 수(水) 0개 0점으로 구성되어 있다. 월지 술토(戌土)는 금(金) 15점, 토(土) 15점이다. 목(木)이 무존재이니 목(木)의 방향인 동쪽을 활용해야 한다. 침대나 책상을 동쪽에 배치하고, 방문을 동쪽으로 낸다.

| 1976년 (양) 8월 24일 축(丑)시 | | 시 일 월 연 (坤)<br>癸 戊 丙 丙<br>丑 申 申 辰 | | |
|---|---|---|---|---|
| 목(木) | 화(火) | 토(土) | 금(金) | 수(水) |
| 0개 | 2개 | 3개 | 2개 | 1개 |
| 0점 | 50점 | 35점 | 15점 | 10점 |

이 사주의 주인공은 공황장애를 앓고 있다. 사주가 목(木) 0개 0점, 화(火) 2개

50점, 토(土) 3개 35점, 금(金) 2개 15점, 수(水) 1개 10점으로 구성되어 있다. 월지 신금(申金)은 화(火) 30점이다.

　목(木)이 0개 0점으로 무존재이니 목(木) 오행의 방향인 동쪽을 활용하는 것이 좋다. 침대와 책상을 동쪽에 배치하고, 방문을 동쪽으로 낸다.

| 1964년 (음) 1월 3일<br>묘(卯)시<br>제주도지사 원희룡 | | 시　일　월　연 (乾)<br>丁　甲　丙　甲<br>卯　午　寅　辰 | | |
|---|---|---|---|---|
| 목(木) | 화(火) | 토(土) | 금(金) | 수(水) |
| 4개 | 3개 | 1개 | 0개 | 0개 |
| 35점 | 35점 | 10점 | 0점 | 30점 |

이 사주는 목(木) 4개 35점, 화(火) 3개 35점, 토(土) 1개 10점, 금(金) 0개 0점, 수(水) 0개 30점으로 구성되어 있다. 목(木)이 35점, 화(火)가 35점, 수(水)가 30점으로 오행 중에서 3개가 발달되어 있다. 이런 사주는 발달된 오행을 활용하지 말고 사주에 없는 금(金)을 활용하는 것이 좋다. 금(金)의 방향인 서쪽을 활용하기 위해 책상이나 침대를 서쪽에 놓고, 방문을 서쪽으로 낸다.

## 고립

사주팔자 여덟 글자 중 하나가 연월일시 어느 한 곳에서 고립된 경우에는 고립 오행과 같은 오행, 그리고 고립 오행을 생하는 오행을 활용한다.

| 1950년 (음) 2월 3일<br>인(寅)시<br>가수 조용필 | | 시 일 월 연 (乾)<br>戊 乙 己 庚<br>寅 卯 卯 寅 | | |
|---|---|---|---|---|
| 목(木) | 화(火) | 토(土) | 금(金) | 수(水) |
| 5개 | 0개 | 2개 | 1개 | 0개 |
| 80점 | 0점 | 20점 | 10점 | 0점 |

이 사주는 목(木) 5개 80점, 화(火) 0개 0점, 토(土) 2개 20점, 금(金) 1개 10점, 수(水) 0개 0점으로 구성되어 있다. 화(火)가 0점, 수(水)가 0점으로 무존재이고, 월간의 기토(己土)와 시간의 무토(戊土)가 고립이다.

　　이렇게 무존재와 고립이 모두 있는 사주는 우선순위에 따라 고립을 먼저 활용해야 한다. 주위를 둘러싼 목(木)에 의해 고립된 기토(己土)와 무토(戊土)를 살려주어야 한다. 토(土) 고립을 살려주는 오행은 같은 토(土) 오행, 그리고 토(土)를 생하는 화(火)이다. 토(土)의 중앙과 화(火)의 남쪽을 활용하면 좋다. 따라서 침대나 책상 등의 가구를 방 가운데에 놓거나 남쪽에 배치한다. 방문이나 창문은 가운데에 낼 수 없으니 남쪽으로 낸다.

| 1968년 (음) 11월 5일<br>축(丑)시<br>배우 최진실 | | 시<br>癸<br>丑 | 일<br>戊<br>辰 | 월<br>甲<br>子 | 연 (坤)<br>戊<br>申 |
|---|---|---|---|---|---|
| 목(木) | 화(火) | 토(土) | 금(金) | 수(水) | |
| 1개 | 0개 | 4개 | 1개 | 2개 | |
| 10점 | 0점 | 35점 | 10점 | 55점 | |

이 사주는 목(木) 1개 10점, 화(火) 0개 0점, 토(土) 4개 35점, 금(金) 1개 10점, 수(水) 2개 55점으로 구성되어 있다. 해자축인(亥子丑寅)월의 축(丑)시는 수(水) 15점이다.

화(火)가 0점으로 무존재인데, 연간 무토(戊土)가 갑목(甲木), 신금(申金), 자수(子水)에 둘러싸여 고립된 것이 더 문제다. 또한 월간 갑목(甲木)은 월지의 수(水)가 30점으로 수생목(水生木)을 해주지만, 과도한 생이다. 이렇게 자신보다 2배 이상의 생을 받으면 고립이 된다. 토(土)와 목(木)이 고립이니 이 사주는 고립을 살려주는 토(土)의 중앙, 그리고 목(木)의 동쪽을 활용해야 한다. 침대나 책상을 방 가운데에 놓거나 동쪽에 놓고, 방문은 중앙에 낼 수 없으니 동쪽으로 낸다.

| 1955년 (음) 3월 27일<br>진(辰)시<br>유명 입시학원장 | | 시<br>庚<br>辰 | 일<br>庚<br>戌 | 월<br>庚<br>辰 | 연 (乾)<br>乙<br>未 |
|---|---|---|---|---|---|
| 목(木) | 화(火) | 토(土) | 금(金) | 수(水) | |
| 1개 | 0개 | 4개 | 3개 | 0개 | |
| 40점 | 0점 | 40점 | 30점 | 0점 | |

이 사주는 목(木) 1개 40점, 화(火) 0개 0점, 토(土) 4개 40점, 금(金) 3개 30점, 수(水) 0개 0점으로 구성되어 있다. 월지 진토(辰土)는 목(木) 15점, 토(土) 15점이고, 진(辰)월의 시지 진토(辰土)는 목(木) 15점이다.

이 사주는 목(木) 오행이 고립이니 목(木)을 살려주기 위해 같은 오행인 목(木), 그리고 목(木)을 생하는 수(水)를 활용한다. 침대나 책상을 동쪽이나 북쪽에 놓고, 방문을 동쪽이나 북쪽으로 낸다.

| 1988년 (양) 5월 18일 유(酉)시 가수 빅뱅 태양 | | 시 일 월 연 (乾)<br>辛 癸 丁 戊<br>酉 酉 巳 辰 | | |
|---|---|---|---|---|
| 목(木) | 화(火) | 토(土) | 금(金) | 수(水) |
| 0개 | 2개 | 2개 | 3개 | 1개 |
| 0점 | 40점 | 20점 | 40점 | 10점 |

이 사주는 목(木) 0개 0점, 화(火) 2개 40점, 토(土) 2개 20점, 금(金) 3개 40점, 수(水) 1개 10점으로 구성되어 있다. 일간 계수(癸水)가 월간 정화(丁火)와 월지 사화(巳火), 그리고 일지 유금(酉金), 시간 신금(辛金), 시지 유금(酉金)에 둘러싸여 고립되었다. 특히 금(金)은 과도한 생으로 일간 계수(癸水)를 고립시키고 있다. 참고로 과도한 생으로 고립시키는 경우를 생(生) 고립이라고 한다.

이 사주는 일간 계수(癸水)와 같은 수(水)의 방향을 활용하면 좋다. 수(水)의 방향이 북쪽이므로 침대나 책상을 북쪽에 놓는다. 수(水)를 생하는 금(金)은 사주에 이미 충분하므로 활용하지 않는다.

| 1968년 (음) 2월 7일<br>오(午)시<br>성우 이철용 | | 시<br>庚<br>午 | 일<br>甲<br>戌 | 월<br>甲<br>寅 | 연 (乾)<br>戊<br>申 | |
|---|---|---|---|---|---|---|
| 목(木) | 화(火) | 토(土) | | 금(金) | | 수(水) |
| 3개 | 1개 | 2개 | | 2개 | | 0개 |
| 20점 | 15점 | 25점 | | 20점 | | 30점 |

이 사주는 목(木) 3개 20점, 화(火) 1개 15점, 토(土) 2개 25점, 금(金) 2개 20점, 수(水) 0개 30점으로 구성되어 있다. 연간 무토(戊土)가 금(金)과 목(木)에 둘러싸여 고립되어 있으므로 토(土)와 화(火)를 활용하면 좋다. 책상이나 침대를 방 한가운데에 두거나 남쪽에 배치하고, 방문을 남쪽으로 낸다.

| 1979년 (양) 7월 3일<br>오(午)시 | | 시<br>甲<br>午 | 일<br>辛<br>未 | 월<br>庚<br>午 | 연 (乾)<br>己<br>未 | |
|---|---|---|---|---|---|---|
| 목(木) | 화(火) | 토(土) | | 금(金) | | 수(水) |
| 1개 | 2개 | 3개 | | 2개 | | 0개 |
| 10점 | 45점 | 35점 | | 20점 | | 0점 |

자살한 사람의 사주이다. 목(木) 1개 10점, 화(火) 2개 45점, 토(土) 3개 35점, 금(金) 2개 20점, 수(水) 0개 0점으로 구성되어 있다. 시간 갑목(甲木)이 고립되어 있으므로 같은 오행인 목(木), 그리고 목(木)을 생하는 수(水)를 활용해야 한다. 목(木)의 방향인 동쪽이나 수(水)의 방향인 북쪽을 활용하여 실내 인테리어를 한다. 예를 들어, 침대나 책상을 동쪽이나 북쪽에 놓는다.

| 1978년 (음) 9월 25일<br>해(亥)시 | | 시 일 월 연 (坤)<br>己 辛 壬 戊<br>亥 酉 戌 午 | | |
|---|---|---|---|---|
| 목(木) | 화(火) | 토(土) | 금(金) | 수(水) |
| 0개 | 1개 | 3개 | 2개 | 2개 |
| 0점 | 10점 | 35점 | 40점 | 25점 |

사주의 주인공은 독일 유학 후 MIT에서 박사 과정을 밟고 있다. 사주가 목(木) 0개 0점, 화(火) 1개 10점, 토(土) 3개 35점, 금(金) 2개 40점, 수(水) 2개 25점으로 구성되어 있다. 월지 술토(戌土)는 금(金) 15점, 토(土) 15점이다. 이 사주는 연지 오화(午火)와 시간 기토(己土)가 고립이다. 실내 인테리어를 할 때 각각 화(火)의 남쪽과 토(土)의 중앙, 목(木)의 동쪽을 활용하면 좋다.

| 1940년 (양) 2월 20일<br>오(午)시<br>기업가 | | 시 일 월 연 (坤)<br>戊 癸 戊 庚<br>午 巳 寅 辰 | | |
|---|---|---|---|---|
| 목(木) | 화(火) | 토(土) | 금(金) | 수(水) |
| 1개 | 2개 | 3개 | 1개 | 1개 |
| 0점 | 30점 | 30점 | 10점 | 40점 |

이 사주는 목(木) 1개 0점, 화(火) 2개 30점, 토(土) 3개 30점, 금(金) 1개 10점, 수(水) 1개 40점으로 구성되어 있다. 월지 인목(寅木)은 수(水) 30점이다. 시간 무토(戊土)가 화(火)의 과도한 생을 받아 고립되었다. 따라서 토(土) 오행을 활용하기 위해 침대나 책상을 방 한가운데에 배치한다. 화(火)는 사주에 이미 충분하므로 쓰지 않는다.

## 과다

사주팔자에서 어느 한 오행의 점수가 50점 이상이면 과다이다. 너무 강한 기운을 눌러주기 위해 과다 오행을 극하는 오행, 그리고 과다 오행이 극하는 오행을 활용한다.

| 1973년 (양) 6월 2일<br>사(巳)시<br>방송인 김생민 | | 시 일 월 연 (乾)<br>己 己 丁 癸<br>巳 巳 巳 丑 | | |
|---|---|---|---|---|
| 목(木) | 화(火) | 토(土) | 금(金) | 수(水) |
| 0개 | 4개 | 3개 | 0개 | 1개 |
| 0점 | 70점 | 30점 | 0점 | 10점 |

이 사주는 목(木) 0개 0점, 화(火) 4개 70점, 토(土) 3개 30점, 금(金) 0개 0점, 수(水) 1개 10점으로 구성되어 있다. 화(火)가 70점으로 과다이니 가장 먼저 화(火)를 극하는 수(水)의 방향을 활용하면 좋다. 수(水)의 방향인 북쪽을 활용해야 하므로 침대나 책상을 북쪽에 배치한다. 그 다음으로 좋은 오행은 화(火)가 극하는 금(金), 즉 수(水)를 생하는 금(金)이다. 금(金)의 방향인 서쪽에 침대나 책상을 놓는다.

| 1932년 (음) 3월 20일<br>축(丑)시 | | 시 일 월 연 (乾)<br>己 丙 甲 壬<br>丑 辰 辰 申 | | |
|---|---|---|---|---|
| 목(木) | 화(火) | 토(土) | 금(金) | 수(水) |
| 1개 | 1개 | 4개 | 1개 | 1개 |
| 25점 | 10점 | 55점 | 10점 | 10점 |

이 사주의 주인공은 부동산 재벌로 대학에 수십억 원을 기증한 사람이다. 이 사주는 목(木) 1개 25점, 화(火) 1개 10점, 토(土) 4개 55점, 금(金) 1개 10점, 수(水) 1개 10점으로 구성되어 있다. 토(土)가 55점으로 과다이니 먼저 토(土)를 극하는 목(木), 그 다음으로 토(土)가 극하는 수(水)를 활용한다. 침대나 책상을 목(木)의 동쪽이나 수(水)의 북쪽에 배치한다.

| 1965년 (음) 5월 12일 오(午)시 열사 박종철 | | 시 甲 午 | 일 丙 申 | 월 壬 午 | 연 (乾) 乙 巳 |
|---|---|---|---|---|---|
| 목(木) | 화(火) | 토(土) | 금(金) | 수(水) | |
| 2개 | 4개 | 0개 | 1개 | 1개 | |
| 20점 | 65점 | 0점 | 15점 | 10점 | |

이 사주는 목(木) 2개 20점, 화(火) 4개 65점, 토(土) 0개 0점, 금(金) 1개 15점, 수(水) 1개 10점으로 이루어져 있다. 화(火)가 65점으로 과다이다. 가장 좋은 오행은 화(火)를 극하는 수(水)이다. 수(水)의 방향은 북쪽이니 북쪽을 활용하기 위해 침대나 책상을 북쪽에 놓는다. 두 번째로 좋은 오행은 화(火)가 극하는 금(金), 즉 수(水)를 생하는 금(金)이다. 금(金)의 방향인 서쪽으로 침대나 책상을 놓는다.

| 1928년 (음) 12월 4일<br>술(戌)시<br>김영삼 전 대통령 | | 시 일 월 연 (乾)<br>甲 己 乙 戊<br>戌 未 丑 辰 | | |
|---|---|---|---|---|
| 목(木) | 화(火) | 토(土) | 금(金) | 수(水) |
| 2개 | 0개 | 6개 | 0개 | 0개 |
| 20점 | 0점 | 60점 | 0점 | 30점 |

이 사주는 목(木) 2개 20점, 화(火) 0개 0점, 토(土) 6개 60점, 금(金) 0개 0점, 수(水) 0개 30점으로 구성되어 있다. 월지 축토(丑土)는 수(水) 30점이므로 주의한다. 토(土)가 60점으로 과다이니 토(土)를 극하는 목(木), 그 다음에는 토(土)가 극하는 수(水)를 활용해야 한다. 목(木)의 동쪽과 수(水)의 북쪽에 침대나 책상을 배치한다.

| 1990년 (양) 4월 8일<br>묘(卯)시<br>가수 종현 | | 시 일 월 연 (乾)<br>乙 癸 庚 庚<br>卯 卯 辰 午 | | |
|---|---|---|---|---|
| 목(木) | 화(火) | 토(土) | 금(金) | 수(水) |
| 3개 | 1개 | 1개 | 2개 | 1개 |
| 55점 | 10점 | 15점 | 20점 | 10점 |

이 사주는 목(木) 3개 55점, 화(火) 1개 10점, 토(土) 1개 15점, 금(金) 2개 20점, 수(水) 1개 10점으로 구성되어 있다. 월지 진토(辰土)는 목(木) 15점, 토(土) 15점이다. 목(木)이 55점으로 과다이다. 목(木)을 극하는 금(金)의 서쪽과 목(木)이 극하는 토(土)의 중앙을 활용하면 좋다. 침대나 책상을 서쪽에 놓거나 방 한가운데 배치한다.

| 1982년 (양) 2월 22일<br>미(未)시<br>아나운서 | | 시 일 월 연 (坤)<br>乙 丙 壬 壬<br>未 子 寅 戌 | | |
|:---|:---|:---|:---|:---|
| 목(木) | 화(火) | 토(土) | 금(金) | 수(水) |
| 2개 | 1개 | 2개 | 0개 | 3개 |
| 10점 | 10점 | 25점 | 0점 | 65점 |

이 사주는 목(木) 2개 10점, 화(火) 1개 10점, 토(土) 2개 25점, 금(金) 0개 0점, 수(水) 3개 65점으로 구성되어 있다. 월지 인목(寅木)은 수(水) 30점이다. 수(水) 가 65점으로 과다하니 수(水)를 극하는 토(土)의 방향과 수(水)가 극하는 화(火) 의 방향을 활용하면 좋다. 침대나 책상을 놓을 때 먼저 방 한가운데를 고려하고, 그 다음에 남쪽을 고려한다.

| 1970년 (음) 8월 27일<br>자(子)시<br>개그맨 박명수 | | 시 일 월 연 (乾)<br>丙 庚 乙 庚<br>子 戌 酉 戌 | | |
|:---|:---|:---|:---|:---|
| 목(木) | 화(火) | 토(土) | 금(金) | 수(水) |
| 1개 | 1개 | 2개 | 3개 | 1개 |
| 10점 | 10점 | 25점 | 50점 | 15점 |

이 사주는 목(木) 1개 10점, 화(火) 1개 10점, 토(土) 2개 25점, 금(金) 3개 50점, 수(水) 1개 15점으로 구성되어 있다. 금(金)이 50점으로 과다이다. 가장 좋은 오행은 금(金)을 극하는 화(火)이다. 침대와 책상을 남쪽을 향해 놓는다. 두 번째로 좋은 오행은 금(金)이 극하는 목(木), 즉 화(火)를 생하는 목(木)이다. 침대나 책상을 동쪽을 향해 놓는다.

| 1948년 (음) 2월 17일<br>해(亥)시<br>정치인 강재섭 | | 시 일 월 연 (乾)<br>丁 乙 乙 戊<br>亥 卯 卯 子 | | |
|---|---|---|---|---|
| 목(木) | 화(火) | 토(土) | 금(金) | 수(水) |
| 4개 | 1개 | 1개 | 0개 | 2개 |
| 65점 | 10점 | 10점 | 0점 | 25점 |

이 사주는 목(木) 4개 65점, 화(火) 1개 10점, 토(土) 1개 10점, 금(金) 0개 0점, 수(水) 2개 25점으로 구성되어 있다. 목(木)이 65점으로 과다이니 가장 먼저 목(木)을 극하는 금(金)을 활용해야 한다. 금(金)의 방향이 서쪽이므로 침대나 책상을 서쪽에 배치한다. 그 다음으로 좋은 오행은 목(木)이 극하는 토(土), 즉 금(金)을 생하는 토(土)이다. 침대나 책상을 방 한가운데에 놓는다.

### 태 과 다

태과다는 사주팔자에서 어느 한 오행의 점수가 80점 이상인 경우이다. 힘이 너무 강하므로 눌러주는 오행의 방향을 활용한다.

| 1946년 (음) 10월 12일<br>미(未)시<br>전 대법관 | | 시 일 월 연 (乾)<br>己 癸 戊 丙<br>未 未 戌 戌 | | |
|---|---|---|---|---|
| 목(木) | 화(火) | 토(土) | 금(金) | 수(水) |
| 0개 | 1개 | 6개 | 0개 | 1개 |
| 0점 | 10점 | 75점 | 15점 | 10점 |

이 사주는 목(木) 0개 0점, 화(火) 1개 10점, 토(土) 6개 75점, 금(金) 0개 15점,

수(水) 1개 10점으로 구성되어 있다. 월지 술토(戌土)는 금(金) 15점, 토(土) 15점이다. 토(土)가 6개 75점인데 토(土)를 생하는 화(火)가 있으므로 태과다의 사주이다. 가장 좋은 오행은 토(土)를 극하는 목(木)이고, 그 다음으로는 목(木)을 생하는 수(水)이다. 목(木)의 동쪽과 수(水)의 북쪽을 활용한다. 침대나 책상 등의 가구를 동쪽이나 북쪽에 배치한다.

| 1984년 (양) 1월 18일 자(子)시 | | 시 일 월 연 (乾)<br>戊 辛 乙 癸<br>子 亥 丑 亥 | | |
|---|---|---|---|---|
| 목(木) | 화(火) | 토(土) | 금(金) | 수(水) |
| 1개 | 0개 | 2개 | 1개 | 4개 |
| 10점 | 0점 | 10점 | 10점 | 80점 |

이 사주의 주인공은 버지니아 공대 총기 난사 사건의 범인이다. 목(木) 1개 10점, 화(火) 0개 0점, 토(土) 2개 10점, 금(金) 1개 10점, 수(水) 4개 80점으로 구성되어 있다. 월지 축토(丑土)는 수(水) 30점이다. 수(水)가 80점이며 금(金)의 생(生)이 있으므로 태과다이다. 가장 먼저 수(水)를 극하는 토(土)를 적극적으로 활용해야 하는데, 토(土)의 방향인 중앙은 방 한가운데로 생각하면 된다. 따라서 책상이나 침대 등의 가구를 방 한가운데에 배치한다. 다음으로는 수(水)가 극하는 화(火), 즉 토(土)를 생해주는 화(火)의 방향을 활용한다. 침대, 책상, 문의 방향을 남쪽으로 한다.

# 4. 색상 활용

사주팔자마다 유익한 색상이 따로 있다. 이 색상을 잘 활용하면 운명을 변화시킬 수 있다. 평소 좋아하는 색상의 옷을 입듯 자신의 사주에 필요한 색상을 실생활에서 편하게 사용하면 된다.

앞에서 오행의 태과다, 과다, 고립, 무존재에 적합한 방향의 활용법을 실제 사주를 예로 들어 설명하였다. 무존재와 고립은 자신의 사주팔자에서 힘이 약한 오행이고, 과다와 태과다는 자신의 사주팔자에서 힘이 너무 강한 오행이다. 약한 것은 도와주어야 하고, 강한 것은 눌러줘야 한다.

만약 하나의 사주에 태과다, 과다, 고립, 무존재 오행이 모두 있다면 어떻게 할까? 제일 먼저 활용해야 할 오행은 태과다이고, 그 다음이 고립이다. 이 두 오행을 우선 활용하고, 이들 오행이 없다면 그 다음에는 과다와 무존재 오행을 활용하면 된다. 방법은 아주 쉽다. 각자에게 필요한 오행의 색상을 실내 인테리어나 의상, 코디에 활용하면 된다.

- 무존재는 무존재 오행의 색상을 활용한다.
- 고립은 고립 오행, 그리고 고립 오행을 생하는 오행의 색상을 활용한다.
- 과다는 과다 오행을 극하는 오행, 그리고 과다 오행이 극하는 오행의 색상을 활용한다. 여기서 과다 오행이 극하는 오행은 과다 오행을 극하는 오행을 생한다. 예를 들어, 과다 오행이 목(木)이라면, 목(木)은 토(土)를 목극토(木剋土)로 극한다. 그리고 토(土)는 목(木)을 극하는 금(金)을 토생금(土生金)으로 생한다.
- 태과다는 태과다 오행을 극하는 오행, 그리고 태과다 오행이 극하는 오행의 색상을 활용한다. 과다와 마찬가지로, 태과다 오행이 극하는 오행은 태과다 오행을 극하는 오행을 생한다. 예를 들어, 태과다 오행이 화(火)라면, 화(火)

는 금(金)을 화극금(火剋金)으로 극한다. 그리고 금(金)은 화(火)를 극하는 수(水)를 금생수(金生水)로 생한다.

• 하나의 사주에 무존재, 고립, 발달, 과다, 태과다 오행이 공존하는 경우에는 다양한 색상을 모두 활용하기 어려운 문제가 생긴다. 따라서 우선순위에 따라 오행을 활용한다. 제일 먼저 활용해야 할 것은 가장 부정적인 태과다 오행이다. 그 다음이 고립 오행이다. 만약 두 오행이 없다면 다음 순서는 과다 오행이고, 무존재 오행은 마지막으로 활용한다.

### 무존재

사주에 없는 무존재 오행은 바로 그 오행의 색상을 활용한다.

| 1990년 (양) 9월 5일<br>묘(卯)시<br>피겨스케이팅 선수 김연아 | | | 시   일   월   연 (乾)<br>乙   癸   甲   庚<br>卯   酉   申   午 | |
|---|---|---|---|---|
| 목(木) | 화(火) | 토(土) | 금(金) | 수(水) |
| 3개 | 1개 | 0개 | 3개 | 1개 |
| 35점 | 40점 | 0점 | 25점 | 10점 |

이 사주는 목(木) 3개 35점, 화(火) 1개 40점, 토(土) 0개 0점, 금(金) 3개 25점, 수(水) 1개 10점이다. 월지 신금(申金)은 화(火) 30점이다. 연간 경금(庚金)은 고립이고, 토(土)가 없다. 따라서 이 사주는 우선순위에 따라 금(金)의 백색 계열을 먼저 활용한 다음, 토(土)의 황색 계열의 색상을 활용해야 한다.

| 1950년 (음) 2월 3일<br>인(寅)시<br>가수 조용필 | | 시<br>戊<br>寅 | 일<br>乙<br>卯 | 월<br>己<br>卯 | 연 (乾)<br>庚<br>寅 |
|---|---|---|---|---|---|
| 목(木) | 화(火) | 토(土) | 금(金) | 수(水) | |
| 5개 | 0개 | 2개 | 1개 | 0개 | |
| 80점 | 0점 | 20점 | 10점 | 0점 | |

이 사주는 목(木) 5개 80점, 화(火) 0개 0점, 토(土) 2개 20점, 금(金) 1개 10점,
수(水) 0개 0점으로 구성되어 있다. 화(火)와 수(水)가 각각 0점으로 무존재이
다. 화(火)의 적색 계열과 수(水)의 흑색 계열을 활용해야 한다.

| 1976년 (윤달) 8월 18일<br>축(丑)시<br>야구선수 이승엽 | | 시<br>己<br>丑 | 일<br>丙<br>申 | 월<br>戊<br>戌 | 연 (乾)<br>丙<br>辰 |
|---|---|---|---|---|---|
| 목(木) | 화(火) | 토(土) | 금(金) | 수(水) | |
| 0개 | 2개 | 5개 | 1개 | 0개 | |
| 0점 | 20점 | 60점 | 30점 | 0점 | |

이 사주는 목(木) 0개 0점, 화(火) 2개 20점, 토(土) 5개 60점, 금(金) 1개 30점,
수(水) 0개 0점이다. 월지 술토(戌土)는 금(金) 15점, 토(土) 15점이다. 목(木)과
수(水)가 0점으로 무존재이니 실내 인테리어, 의상, 코디에 청색과 흑색 계열
을 활용한다.

| 1998년 (양) 1월 1일<br>자(子)시<br>봅슬레이 선수 강한 | | 시 일 월 연 (乾)<br>壬 戊 壬 丁<br>子 申 子 丑 | | |
|---|---|---|---|---|
| 목(木) | 화(火) | 토(土) | 금(金) | 수(水) |
| 0개 | 1개 | 2개 | 1개 | 4개 |
| 0점 | 10점 | 20점 | 15점 | 65점 |

이 사주는 목(木) 0개 0점, 화(火) 1개 10점, 토(土) 2개 20점, 금(金) 1개 15점, 수(水) 4개 65점으로 구성되어 있다. 목(木)이 0개 0점으로 무존재이니 목(木) 의 색상을 활용해야 한다. 실내 인테리어, 의상과 코디를 청색 계열로 한다.

### 고립

고립은 고립 오행, 그리고 고립 오행을 생하는 오행을 활용한다.

| 1988년 (양) 5월 18일<br>유(酉)시<br>가수 빅뱅 태양 | | 시 일 월 연 (乾)<br>辛 癸 丁 戊<br>酉 酉 巳 辰 | | |
|---|---|---|---|---|
| 목(木) | 화(火) | 토(土) | 금(金) | 수(水) |
| 0개 | 2개 | 2개 | 3개 | 1개 |
| 0점 | 40점 | 20점 | 40점 | 10점 |

이 사주는 목(木) 0개 0점, 화(火) 2개 40점, 토(土) 2개 20점, 금(金) 3개 40점, 수 (水) 1개 10점이다. 일간 계수(癸水)가 일지 유금(酉金), 시간 신금(辛金), 시지 유 금(酉金)에게서 과도한 생을 받아 고립되었다. 수(水)의 흑색 계열을 실내 인테 리어나 의상, 코디에 활용한다. 생 고립을 가중시키는 금(金)은 쓰지 않는다.

| 1968년 (음) 2월 7일<br>오(午)시<br>성우 이철용 | | 시<br>庚<br>午 | 일<br>甲<br>戌 | 월<br>甲<br>寅 | 연 (乾)<br>戊<br>申 |
|---|---|---|---|---|---|
| 목(木) | 화(火) | 토(土) | 금(金) | | 수(水) |
| 3개 | 1개 | 2개 | 2개 | | 0개 |
| 20점 | 15점 | 25점 | 20점 | | 30점 |

이 사주는 목(木) 3개 20점, 화(火) 1개 15점, 토(土) 2개 25점, 금(金) 2개 20점, 수(水) 0개 30점으로 구성되어 있다. 연간 무토(戊土)가 연지 신금(申金), 월간 갑목(甲木), 월지 인목(寅木)에 둘러싸여 고립이다. 같은 토(土) 오행이나 토(土)를 생하는 화(火)의 색상을 활용하면 좋다. 황색 계열 또는 적색 계열을 실내 인테리어, 의상, 코디에 활용한다.

| 1950년 (음) 2월 3일<br>인(寅)시<br>가수 조용필 | | 시<br>戊<br>寅 | 일<br>乙<br>卯 | 월<br>己<br>卯 | 연 (乾)<br>庚<br>寅 |
|---|---|---|---|---|---|
| 목(木) | 화(火) | 토(土) | 금(金) | | 수(水) |
| 5개 | 0개 | 2개 | 1개 | | 0개 |
| 80점 | 0점 | 20점 | 10점 | | 0점 |

이 사주는 목(木) 5개 80점, 화(火) 0개 0점, 토(土) 2개 20점, 금(金) 1개 10점, 수(水) 0개 0점이다. 이 사주는 월간 기토(己土)와 시간 무토(戊土)가 고립되었다. 주위를 둘러싼 글자들 중에서 이들과 같거나 생해주는 글자가 없기 때문이다. 이렇게 사주에 고립이 있으면 같은 오행이나 생해주는 오행의 색상을 활용한다. 먼저 기토(己土)와 무토(戊土)는 같은 오행인 토(土)의 황색 계열, 그리고

기토(己土)와 무토(戊土)를 생하는 화(火)의 적색 계열을 활용하면 좋다. 연간 경금(庚金) 역시 고립으로 볼 수 있는데, 자신을 생하는 월간 기토(己土)가 고립되었기 때문이다. 따라서 같은 오행인 금(金)의 백색 계열, 그리고 경금(庚金)을 생하는 오행인 토(土)의 황색 계열을 활용한다. 정리하면, 이 사주는 고립을 살려주는 화(火), 토(土), 금(金)에 해당하는 적색 계열, 황색 계열, 백색 계열을 활용해야 좋다.

또한 이 사주는 목(木)이 80점으로 태과다이다. 태과다와 고립이 모두 있을 때는 우선순위를 따져 먼저 태과다, 다음에 고립을 활용한다. 따라서 먼저 목(木) 오행을 극하는 금(金)의 백색 계열을 활용하거나, 목(木)이 극하는 토(土)의 황색 계열을 활용한다.

## 과 다

과다는 특정 오행의 점수가 50~80점으로 힘이 강한 경우이다. 강한 것은 눌러 줘야 한다는 원칙에 따라 과다 오행을 극하는 오행의 색상, 그리고 과다 오행이 극하는 오행의 색상을 활용한다.

| 1990년 (양) 4월 8일<br>묘(卯)시<br>가수 종현 | | 시 일 월 연 (乾)<br>乙 癸 庚 庚<br>卯 卯 辰 午 | | | |
|---|---|---|---|---|---|
| 목(木) | 화(火) | 토(土) | 금(金) | 수(水) | |
| 3개 | 1개 | 1개 | 2개 | 1개 | |
| 55점 | 10점 | 15점 | 20점 | 10점 | |

이 사주는 목(木) 3개 55점, 화(火) 1개 10점, 토(土) 1개 15점, 금(金) 2개 20점, 수(水) 1개 10점으로 구성되어 있다. 월지 진토(辰土)는 목(木) 15점, 토(土) 15

오행 활용법 ● 사주 코칭의 이해

점이다. 목(木)이 55점으로 과다하니 목(木)을 극하는 금(金)의 색상, 그리고 목(木)이 극하는 토(土)의 색상을 활용하면 좋다. 백색 계열과 황색 계열을 실내 인테리어, 의상, 코디에 활용한다.

| 1982년 (양) 2월 22일<br>미(未)시<br>아나운서 | | 시 일 월 연 (坤)<br>乙 丙 壬 壬<br>未 子 寅 戌 | | |
|---|---|---|---|---|
| 목(木) | 화(火) | 토(土) | 금(金) | 수(水) |
| 2개 | 1개 | 2개 | 0개 | 3개 |
| 10점 | 10점 | 25점 | 0점 | 65점 |

이 사주는 목(木) 2개 10점, 화(火) 1개 10점, 토(土) 2개 25점, 금(金) 0개 0점, 수(水) 3개 65점으로 구성되어 있다. 월지 인목(寅木)은 수(水) 30점이다. 수(水)가 65점으로 과다이니 수(水)를 극하는 토(土)의 색상, 그리고 수(水)가 극하는 화(火)의 색상을 활용하면 좋다. 토(土)의 색상인 황색 계열과 화(火)의 색상인 적색 계열을 실내 인테리어, 의상, 코디에 활용한다.

| 1965년 (음) 5월 12일<br>오(午)시<br>열사 박종철 | | 시 일 월 연 (乾)<br>甲 丙 壬 乙<br>午 申 午 巳 | | |
|---|---|---|---|---|
| 목(木) | 화(火) | 토(土) | 금(金) | 수(水) |
| 2개 | 4개 | 0개 | 1개 | 1개 |
| 20점 | 65점 | 0점 | 15점 | 10점 |

이 사주는 목(木) 2개 20점, 화(火) 4개 65점, 토(土) 0개 0점, 금(金) 1개 15점,

수(水) 1개 10점으로 구성되어 있다. 화(火)가 65점으로 과다이니 화(火)를 극하는 수(水), 그리고 화(火)가 극하는 금(金)의 색상을 활용하면 좋다. 수(水)의 색상인 흑색 계열, 금(金)의 색상인 백색 계열을 실내 인테리어, 의상, 코디에 활용한다.

| 1966년 (음) 12월 14일<br>술(戌)시<br>무술감독 정두홍 | | 시 일 월 연 (乾)<br>壬 戊 辛 丙<br>戌 子 丑 午 | | |
|---|---|---|---|---|
| 목(木) | 화(火) | 토(土) | 금(金) | 수(水) |
| 0개 | 2개 | 3개 | 1개 | 2개 |
| 0점 | 20점 | 25점 | 10점 | 55점 |

이 사주는 목(木) 0개 0점, 화(火) 2개 20점, 토(土) 3개 25점, 금(金) 1개 10점, 수(水) 2개 55점으로 구성되어 있다. 월지 축토(丑土)가 수(水) 30점이며, 수(水)가 55점으로 과다한 사주이다. 수(水)를 극하는 토(土)의 황색 계열, 그리고 수(水)가 극하는 화(火)의 적색 계열을 실내 인테리어, 의상, 코디 등에 활용한다.

| 1955년 (음) 12월 8일<br>미(未)시<br>전 법원장 | | 시 일 월 연 (乾)<br>乙 丙 己 乙<br>未 戌 丑 未 | | |
|---|---|---|---|---|
| 목(木) | 화(火) | 토(土) | 금(金) | 수(水) |
| 2개 | 1개 | 5개 | 0개 | 0개 |
| 20점 | 10점 | 50점 | 0점 | 30점 |

이 사주는 목(木) 2개 20점, 화(火) 1개 10점, 토(土) 5개 50점, 금(金) 0개 0점,

수(水) 0개 30점으로 구성되어 있다. 토(土)가 50점으로 과다한 사주이다. 토(土)를 극하는 목(木)의 청색 계열, 그리고 토(土)가 극하는 수(水)의 흑색 계열을 실내 인테리어와 의상, 코디 등에 활용한다.

| 1999년 (양) 5월 3일<br>묘(卯)시 | | 시 일 월 연 (坤)<br>己 乙 戊 己<br>卯 卯 辰 卯 | | |
|---|---|---|---|---|
| 목(木) | 화(火) | 토(土) | 금(金) | 수(水) |
| 4개 | 0개 | 4개 | 0개 | 0개 |
| 65점 | 0점 | 45점 | 0점 | 0점 |

이 사주의 주인공은 어린 나이에 선천성 면역결핍증으로 사망하였다. 사주가 목(木) 4개 65점, 화(火) 0개 0점, 토(土) 4개 45점, 금(金) 0개 0점, 수(水) 0개 0점으로 구성되어 있다. 월지 진토(辰土)는 목(木) 15점, 토(土) 15점이다. 과다한 목(木)을 극하는 금(金), 그리고 목(木)이 극하는 토(土)를 활용한다. 금(金)의 색상인 백색 계열과 토(土)의 색상인 황색 계열을 활용하여 실내 인테리어와 의상, 코디를 하면 도움이 된다.

## 태과다

태과다는 사주팔자에서 점수가 80점을 넘는 오행이다. 힘이 너무 강한 오행은 눌러줘야 한다는 원칙에 따라 태과다를 극하는 오행, 그리고 태과다가 극하는 오행의 색상을 활용한다.

| 1950년 (음) 2월 3일<br>인(寅)시<br>가수 조용필 | | 시 일 월 연 (乾)<br>戊 乙 己 庚<br>寅 卯 卯 寅 | | |
|---|---|---|---|---|
| 목(木) | 화(火) | 토(土) | 금(金) | 수(水) |
| 5개 | 0개 | 2개 | 1개 | 0개 |
| 80점 | 0점 | 20점 | 10점 | 0점 |

이 사주는 목(木) 5개 80점, 화(火) 0개 0점, 토(土) 2개 20점, 금(金) 1개 10점, 수(水) 0개 0점으로 구성되어 있다. 목(木)이 80점으로 태과다이니 목(木)을 극하는 금(金) 오행, 그리고 목(木)이 극하는 토(土) 오행을 활용해야 한다. 그러므로 금(金) 오행의 백색 계열과 토(土) 오행의 황색 계열을 활용하면 좋다. 의상, 코디, 실내 인테리어 등 다양한 분야에서 적극적으로 활용하면 운을 긍정적으로 자신의 것으로 만들 수 있다.

| 1967년 (음) 5월 4일 오(午)시 | 시 | 일 | 월 | 연 (乾) |
|---|---|---|---|---|
| | 甲 | 丙 | 丙 | 丁 |
| | 午 | 午 | 午 | 未 |

| 목(木) | 화(火) | 토(土) | 금(金) | 수(水) |
|---|---|---|---|---|
| 1개 | 6개 | 1개 | 0개 | 0개 |
| 10점 | 90점 | 10점 | 0점 | 0점 |

사주에 태과다 오행이 있으면 갑작스러운 사건사고에 휘말리게 되는 경우가 많다. 그래서 가장 먼저 태과다 오행을 활용해야 한다. 이 사주 주인공은 살인 사건의 피해자이다.

　사주 구성이 목(木) 1개 10점, 화(火) 6개 90점, 토(土) 1개 10점, 금(金) 0 개 0점, 수(水) 0개 0점으로 화(火)가 태과다이다. 화(火)를 극하는 수(水), 그리고 화(火)가 극하는 금(金)을 활용하면 좋다. 수(水)의 색상인 흑색 계열, 금(金)의 색상인 백색 계열을 실내 인테리어나 의상, 코디에 활용하면 도움이 된다.

| 1984년 (양) 1월 18일 새벽 1시 | 시 | 일 | 월 | 연 (乾) |
|---|---|---|---|---|
| | 戊 | 辛 | 乙 | 癸 |
| | 子 | 亥 | 丑 | 亥 |

| 목(木) | 화(火) | 토(土) | 금(金) | 수(水) |
|---|---|---|---|---|
| 1개 | 0개 | 2개 | 1개 | 4개 |
| 10점 | 0점 | 10점 | 10점 | 80점 |

버지니아 공대 총기 난사 사건을 일으킨 사람의 사주이다. 목(木) 1개 10점, 화(火) 0개 0점, 토(土) 2개 10점, 금(金) 1개 10점, 수(水) 4개 80점으로 구성되어 있다. 월지 축토(丑土)가 수(水) 30점이다. 여기에 금(金)이 수(水)를 생하니 태

과다이다.

태과다인 수(水)를 극하는 토(土), 그리고 수(水)가 극하는 화(火)를 적극적으로 활용해야 한다. 토(土)의 색상인 황색 계열과 화(火)의 색상인 적색 계열을 실내 인테리어나 의상 코디 등에 활용한다.

## 5. 방향과 색상 종합 활용

| 1973년 (양) 6월 2일<br>사(巳)시<br>방송인 김생민 | | | 시 | 일 | 월 | 연 (乾) |
|---|---|---|---|---|---|---|
| | | | 己 | 己 | 丁 | 癸 |
| | | | 巳 | 巳 | 巳 | 丑 |

| 목(木) | 화(火) | 토(土) | 금(金) | 수(水) |
|---|---|---|---|---|
| 0개 | 4개 | 3개 | 0개 | 1개 |
| 0점 | 70점 | 30점 | 0점 | 10점 |

| | 69 | 59 | 49 | 39 | 29 | 19 | 9 |
|---|---|---|---|---|---|---|---|
| | 庚 | 辛 | 壬 | 癸 | 甲 | 乙 | 丙 |
| | 戌 | 亥 | 子 | 丑 | 寅 | 卯 | 辰 |

이 사주는 목(木) 0개 0점, 화(火) 4개 70점, 토(土) 3개 30점, 금(金) 0개 0점, 수(水) 1개 10점이다. 화(火) 과다, 목(木) 무존재, 금(金) 무존재, 수(水) 고립, 토(土) 고립으로 사주 오행의 구성이 과다, 무존재, 고립으로만 이루어져 있다.

다행스럽게도 19세 대운과 29세 대운에 목(木)이 20년간 들어오고, 39세 대운부터 59세 대운까지 수(水)가 연속으로 들어와 목(木) 무존재와 수(水) 고립을 해소시켜주고 있다. 하지만 39세 계축(癸丑) 대운에서 정유(丁酉)년은 사유축(巳酉丑) 합금(合金)을 하고, 무술(戊戌)년은 무계(戊癸) 합화(合火)를 하여 화토(火土) 과다로 몰리고 있어 위험하다.

오행 활용에서 우선순위는 태과다, 고립, 과다, 무존재의 순서이다. 태과다가 있으면 태과다를 우선한다. 태과다가 없으면 고립을 활용하고, 태과다와 고립이 없으면 과다를 활용한다. 마지막으로 태과다, 고립, 과다가 없으면 무존재를 활용한다.

태과다와 과다는 지나치게 강한 오행을 눌러줘야 하므로 이들을 극하는 오행, 그리고 이들이 극하는 오행을 활용한다. 고립은 힘이 약하므로 같은 오행, 그리고 고립을 생하는 오행을 활용한다. 무존재는 무존재와 같은 오행을 활용한다.

이러한 원칙을 기억하고 이 사주를 다시 보자. 이 사주는 계수(癸水)가 고립이다. 기토(己土)와 축토(丑土)도 고립되어 있지만, 계수(癸水)는 극하는 화(火)와 토(土)로 고립되어 있고 기토(己土)와 축토(丑土)는 생해주는 화(火)로 고립되어 있으므로 계수(癸水)의 고립이 더 위험하다.

계수(癸水) 고립은 수(水)와 금(金)을 활용하면 좋다. 수(水)는 수극화(水剋火)로 화(火) 과다를 극하기 때문에 고립과 과다를 모두 도와준다. 그러므로 수(水)에 해당하는 북쪽, 금(金)에 해당하는 서쪽, 그리고 수(水)에 해당하는 흑색 계열과 금(金)에 해당하는 백색 계열을 활용하면 도움이 된다. 대문, 현관문, 방문이 북쪽이나 서쪽으로 나 있으면 유리하고, 침대는 북쪽이나 서쪽으로 머리를 두면 된다. 또한 실내 인테리어, 의상, 코디에 흑색 계열과 백색 계열을 활용한다.

| 1980년 (양) 9월 24일 미(未)시 항공기 조종사 | 시 일 월 연 (乾)<br>癸 庚 乙 庚<br>未 子 酉 申 | | | |
|---|---|---|---|---|
| 목(木) | 화(火) | 토(土) | 금(金) | 수(水) |
| 1개 | 0개 | 1개 | 4개 | 2개 |
| 10점 | 0점 | 15점 | 60점 | 25점 |

이 사주는 목(木) 1개 10점, 화(火) 0개 0점, 토(土) 1개 15점, 금(金) 4개 60점, 수(水) 2개 25점으로 구성되어 있다. 경금(庚金) 일간에 금(金) 60점으로 금(金) 의 특성이 강하다.

월지와 일지에 유(酉), 자(子)가 있어 도화의 작용이 크다. 금(金)은 완벽 주의자, 계획주의자, 원칙주의자, 기계주의자의 특성이 있다. 경금(庚金) 일간 에 금(金) 60점이니 금(金)의 특성을 활용하는 손재주가 있고, 기계적이며 완벽 주의자의 특성을 가지고 일하는 직업에 어울린다. 컴퓨터공학, 기계공학, 로봇 공학, 항공학, 정형외과, 조각, 도자기, 군인 등의 직업적성에 잘 어울린다.

이 사주는 시지 미토(未土)가 고립이고, 금(金)이 60점으로 과다이다. 미 토(未土)의 고립은 토(土)와 화(火)의 색상과 방향을 활용해야 한다. 금(金) 과다 는 화(火)와 목(木)의 색상과 방향을 활용해야 한다. 정리하면 토(土), 화(火), 목 (木)이다. 토(土)의 색상인 황색 계열, 화(火)의 색상인 적색 계열, 목(木)의 색상 인 청색 계열을 활용하고, 토(土)의 방향인 중앙, 화(火)의 방향인 남쪽, 목(木) 의 방향인 동쪽을 활용한다.

| 1988년 (음) 2월 15일 오(午)시 헤어디자이너 | | 시 甲 午 | 일 丙 戌 | 월 乙 卯 | 연 (乾) 戊 辰 | |
|---|---|---|---|---|---|---|
| 목(木) | 화(火) | 토(土) | | 금(金) | | 수(水) |
| 3개 | 2개 | 3개 | | 0개 | | 0개 |
| 50점 | 25점 | 35점 | | 0점 | | 0점 |

이 사주는 목(木) 3개 50점, 화(火) 2개 25점, 토(土) 3개 35점, 금(金) 0개 0점, 수(水) 0개 0점으로 구성되어 있다. 목(木) 50점과 화(火) 25점, 토(土) 35점으로 오행이 고루 발달된 사주이다.

목(木)은 발달이지만 고립을 우선한다. 시간 갑목(甲木)의 고립을 도와 주기 위해 목(木), 그리고 목(木)을 생하는 수(水)를 활용해야 한다. 목(木)의 색 상인 청색 계열, 수(水)의 색상인 흑색 계열을 활용하고, 목(木)의 방향인 동쪽, 그리고 수(水)의 방향인 북쪽을 활용한다.

| 1987년 (양) 11월 5일 오(午)시 변호사 | | 시 戊 午 | 일 戊 午 | 월 庚 戌 | 연 (乾) 丁 卯 | |
|---|---|---|---|---|---|---|
| 목(木) | 화(火) | 토(土) | | 금(金) | | 수(水) |
| 1개 | 3개 | 3개 | | 1개 | | 0개 |
| 10점 | 40점 | 35점 | | 25점 | | 0점 |

이 사주는 목(木) 1개 10점, 화(火) 3개 40점, 토(土) 3개 35점, 금(金) 1개 25점, 수(水) 0개 0점으로 구성된 사주이다. 월지 술토(戌土)는 금(金) 15점, 토(土) 15 점이다. 과다는 없고, 연지 묘목(卯木)이 고립이다. 묘목(卯木)의 고립을 도와주

려면 목(木), 그리고 목(木)을 생하는 수(水)를 활용해야 한다. 목(木)의 색상인 청색 계열과 수(水)의 색상인 흑색 계열을 활용하고, 목(木)의 방향인 동쪽과 수(水)의 방향인 북쪽을 활용한다.

| 1951년 (음) 12월 15일 인(寅)시 국무총리 이낙연 | | 시 일 월 연 (乾)<br>庚 丙 辛 辛<br>寅 辰 丑 卯 | | |
|---|---|---|---|---|
| 목(木) | 화(火) | 토(土) | 금(金) | 수(水) |
| 2개 | 1개 | 2개 | 3개 | 0개 |
| 10점 | 10점 | 15점 | 30점 | 45점 |

이 사주는 목(木) 2개 10점, 화(火) 1개 10점, 토(土) 2개 15점, 금(金) 3개 30점, 수(水) 0개 45점으로 구성되어 있다. 월지 축토(丑土)와 시지 인목(寅木)은 모두 수(水)로 분석한다. 이 사주에는 고립된 오행이 2개 있다. 먼저 연지 묘목(卯木)은 10점인데 월지 축(丑)이 수(水) 30점으로 생하니 고립이고, 일간 병화(丙火)는 같은 오행이나 생해줄 오행이 없어 고립이다.

목(木)의 고립은 목(木), 그리고 목(木)을 생하는 수(水)를 활용해야 한다. 먼저 색상을 보면, 목(木)의 색상인 청색 계열, 그리고 수(水)의 색상인 흑색 계열을 사용한다. 단, 수(水)는 사주원국에서 45점으로 발달이니 활용하지 않아도 된다. 이어서 방향을 보면 목(木)의 방향인 동쪽, 그리고 수(水)의 방향인 북쪽을 활용한다. 역시 수(水)는 사주원국에서 발달이므로 활용하지 않아도 된다.

화(火)의 고립은 화(火), 그리고 화(火)를 생하는 목(木)을 활용해야 한다. 먼저 색상을 보면, 화(火)의 색상인 적색 계열, 그리고 목(木)의 색상인 청색 계열을 활용한다. 다음으로 방향을 보면 화(火)의 방향인 남쪽, 그리고 목(木)의 방향인 동쪽을 활용한다.

| 1989년 (양) 8월 28일<br>유(酉)시<br>의사 | 시 일 월 연 (乾)<br>乙 庚 壬 己<br>酉 申 申 巳 | | | |
|---|---|---|---|---|
| 목(木) | 화(火) | 토(土) | 금(金) | 수(水) |
| 1개 | 1개 | 1개 | 4개 | 1개 |
| 10점 | 40점 | 10점 | 40점 | 10점 |

이 사주는 목(木) 1개 10점, 화(火) 1개 40점, 토(土) 1개 10점, 금(金) 4개 40점, 수(水) 1개 10점으로 구성되어 있다. 월지 신금(申金)은 화(火) 30점이다. 연간 기토(己土)는 주변의 화(火) 40점으로 생 고립되고, 시간 을목(乙木)은 주변의 금(金火) 40점으로 극 고립되며, 월간 임수(壬水)는 주변의 금(金) 25점으로 생 고립이 된다. 이 중에서 임수(壬水)는 생 고립이 심하지 않으므로 제외한다.

목(木)이 고립이니 목(木)과 수(水)를 활용해야 한다. 먼저 색상을 보면, 목(木)의 색상인 청색 계열, 그리고 수(水)의 색상인 흑색 계열을 활용한다. 다음으로 방향을 보면, 목(木)의 방향인 동쪽, 그리고 수(水)의 방향인 북쪽을 활용한다.

또한 토(土)가 고립이니 토(土)와 화(火)를 활용해야 한다. 먼저 색상을 보면, 토(土)의 색상인 황색 계열, 그리고 화(火)의 색상인 적색 계열을 활용해야 하는데, 사주원국의 화(火) 점수가 40점이므로 활용하지 않아도 된다. 이어서 방향을 보면, 토(土)의 방향인 중앙, 그리고 화(火)의 방향인 남쪽을 활용한다. 역시 화(火) 점수가 40점이므로 남쪽은 활용하지 않아도 된다.

| 1965년 (음) 7월 7일<br>사(巳)시<br>가수 조관우 | 시 | 일 | 월 | 연 (乾) |
|---|---|---|---|---|
| | 己 | 己 | 癸 | 乙 |
| | 巳 | 丑 | 未 | 巳 |

| 목(木) | 화(火) | 토(土) | 금(金) | 수(水) |
|---|---|---|---|---|
| 1개 | 2개 | 4개 | 0개 | 1개 |
| 10점 | 55점 | 35점 | 0점 | 10점 |

이 사주는 목(木) 1개 10점, 화(火) 2개 55점, 토(土) 4개 35점, 금(金) 0개 0점, 수(水) 1개 10점으로 구성되어 있다. 월간 계수(癸水)가 고립되어 있으며, 화(火)가 55점으로 과다하다. 시지 사화(巳火)는 고립인데 한여름 미(未)월의 사(巳)시라서 고립이 해소된다.

계수(癸水)가 고립되어 있으니 수(水), 그리고 수(水)를 생하는 금(金)을 활용해야 한다. 또한 화(火)가 과다하니 화(火)를 극하는 수(水), 그리고 화(火)가 극하는 금(金)을 활용해야 한다. 먼저 색상을 보면, 수(水)의 색상인 흑색 계열과 금(金)의 색상인 백색 계열을 활용해야 한다. 방향을 보면, 수(水)의 방향인 북쪽, 그리고 금(金)의 방향인 서쪽을 활용해야 한다.

| 1990년 (양) 1월 3일<br>유(酉)시<br>의사 | 시 | 일 | 월 | 연 (坤) |
|---|---|---|---|---|
| | 辛 | 戊 | 丙 | 己 |
| | 酉 | 辰 | 子 | 巳 |

| 목(木) | 화(火) | 토(土) | 금(金) | 수(水) |
|---|---|---|---|---|
| 0개 | 2개 | 3개 | 2개 | 1개 |
| 0점 | 20점 | 35점 | 25점 | 30점 |

이 사주는 목(木) 0개 0점, 화(火) 2개 20점, 토(土) 3개 35점, 금(金) 2개 25점,

수(水) 1개 30점으로 구성되어 있다. 연간 기토(己土)가 고립되어 있다. 같은 오행인 토(土)의 황색 계열과 토(土)의 중앙을 활용한다. 생 고립의 원인인 화(火)는 쓰지 않는다.

| 1973년 (음) 12월 6일<br>해(亥)시<br>대기업 임원 | | 시 일 월 연 (乾)<br>丁 庚 甲 癸<br>亥 子 子 丑 | | |
|---|---|---|---|---|
| 목(木) | 화(火) | 토(土) | 금(金) | 수(水) |
| 1개 | 1개 | 1개 | 1개 | 4개 |
| 10점 | 10점 | 10점 | 10점 | 70점 |

| 78 | 68 | 58 | 48 | 38 | 28 | 18 | 8 |
|---|---|---|---|---|---|---|---|
| 丙 | 丁 | 戊 | 己 | 庚 | 辛 | 壬 | 癸 |
| 辰 | 巳 | 午 | 未 | 申 | 酉 | 戌 | 亥 |

이 사주는 목(木) 1개 10점, 화(火) 1개 10점, 토(土) 1개 10점, 금(金) 1개 10점, 수(水) 4개 70점으로 이루어져 있다. 금생수(金生水)와 해자축(亥子丑) 합수(合水)로 인해 수(水)가 태과다한 사주이다.

초년 대운 학창시절에 수(水) 식상운이 15년간 들어왔다. 식상 대운은 인성 대운과 함께 자기 절제와 안정적 기질이 발휘되는 시기이므로 다른 대운에 비해서 공부에 집중할 가능성이 높다.

목(木), 화(火), 토(土), 금(金)이 1개씩 있고 점수로는 각각 10점인데, 대운에서 뭉쳐서 들어오는 것이 좋다. 28세 대운과 38세 대운에 신유(辛酉)와 경신(庚申)의 금(金) 대운이 들어오고, 48세 대운과 58세 대운에 기미(己未)와 무(戊)까지 토(土)가 15년 동안 들어오며, 58세 대운과 68세 대운 그리고 78세 대운에 화(火)가 20년 동안 연속해서 들어오니 매우 좋다.

현재 대기업 임원으로 5개 국어를 구사하며, 사장이 되고 싶어한다. 필요한 오행은 목(木), 화(火), 토(土), 금(金)인데, 과다한 수(水)를 극하면서 약한 토(土)를 도와줄 토(土)가 가장 필요하다. 토(土)의 중앙을 활용하기 위해 침대나 책상 등의 가구를 방 한가운데에 배치하거나, 토(土)의 황색 계열을 실내 인테리어나 의상, 코디 등에 활용한다. 그 다음으로 수(水)가 극하는 화(火)를 활용하기 위해 화(火)의 남쪽, 화(火)의 적색 계열을 활용한다.

| 1981년 (양) 7월 29일 오(午)시 의사 | | 시 일 월 연 (乾) 戊 戊 乙 辛 午 申 未 酉 | | |
|---|---|---|---|---|
| 목(木) | 화(火) | 토(土) | 금(金) | 수(水) |
| 1개 | 1개 | 3개 | 3개 | 0개 |
| 10점 | 45점 | 20점 | 35점 | 0점 |

이 사주는 목(木) 1개 10점, 화(火) 1개 45점, 토(土) 3개 20점, 금(金) 3개 35점, 수(水) 0개 0점으로 구성되어 있다. 과다한 오행은 없고, 월간 을목(乙木)이 고립되어 있다. 시지 오화(午火)도 고립이지만, 오미(午未)가 합화(合火)하여 힘이 되어주므로 고립에서 해소되었다.

월간 을목(乙木)이 고립이니 목(木)과 수(水)를 활용해야 한다. 목(木)의 청색 계열과 수(水)의 흑색 계열을 활용하고, 목(木)의 동쪽과 수(水)의 북쪽을 활용한다.

# 루틴
## Routine

루틴(Routine)이란 최고의 기술을 발휘하기 위해 자신만의 고유한 동작이나 절차를 규칙적으로 행하는 것이다. 행하는 절차라고 할 수 있다. 불길한 징조, 즉 좋지 않은 일이 운명적으로 일어나는 것을 징크스(Jinx)라 부르는데, 징크스의 반대 개념이 루틴이다.

'시험 보는 날 수험생이 미역국을 먹으면 시험을 망친다.'

'수염을 깎고 경기에 나가면 반드시 진다.'

'달걀을 깨면 원하는 일이 틀어진다.'

'까마귀 우는 소리를 들으면 좋지 않은 일이 생긴다.'

경기에 나설 운동선수나 수험생처럼 큰일을 앞둔 사람들은 어떤 행동과 연관지어 끊임없이 부정적인 생각을 만들어낸다. 이것이 징크스이다.

루틴은 다음과 같은 생각을 말한다.

'수염을 기르면 반드시 이긴다.'

'빨간색 옷을 입으면 골을 많이 넣는다.'

'운동화 끈을 왼쪽부터 매면 경기에서 이긴다.'

사주에서 자신에게 필요한 색상, 방향, 숫자 등을 활용하면 행운이 따라온다는 이론은 심리학의 루틴과 같은 영향을 미친다고 할 수 있다. 누구나 좋은 운명을 살고 싶어하고, 가능하다면 바꾸길 바란다. 운명을 바꾼다고 겁주고 협박하여 굿이나 부적을 쓰도록 강요하는 사이비가 아닌 상담학으로서의 색상, 방향, 숫자로 운명을 긍정적으로 이끌어가면 내담자는 분명 행복한 희망을 가질 수 있을 것이다. 각자에게 필요한 오행을 색상, 방향, 숫자로 활용하여 루틴을 만들어보자.

**2**

## 발음오행 활용법

발음오행은 발음(소리)의 오행을 말한다. ㄱ·ㅋ은 목 (木), ㄴ·ㄷ·ㅌ·ㄹ은 화(火), ㅇ·ㅎ은 토(土), ㅅ· ㅈ·ㅊ은 금(金), ㅁ·ㅂ·ㅍ은 수(水)이다.

● 발음오행표

| 목(木) | 화(火) | 토(土) | 금(金) | 수(水) |
|--------|--------|--------|--------|--------|
| ㄱ, ㅋ | ㄴ, ㄷ, ㅌ, ㄹ | ㅇ, ㅎ | ㅅ, ㅈ, ㅊ | ㅁ, ㅂ, ㅍ |

태과다, 고립, 과다, 무존재의 순서로 따라 사주에 필요한 오행을 발음오행으로 보강해주면 좋다. 예를 들어 목(木)이 필요한 사주라면 ㄱ, ㅋ이 들어가는 이름이나 호(號)를 지어 부르고, 사업을 한다면 ㄱ, ㅋ이 들어가는 상호를 작명하여 활용할 수 있다. 만약 화(火)가 필요한 사주라면 ㄴ, ㄷ, ㅌ, ㄹ이 들어가는 이름이나 호 또는 상호를 작명하여 사주에 필요한 오행을 보강할 수 있다.

참고로 하나의 오행에 발음이 여러 개이므로 두 가지 오행을 쓰면 복잡해진다. 따라서 가장 먼저 사용하는 한 가지 오행을 예로 들어 설명한다.

## 1. 무존재

사주에 없는 오행을 발음오행으로 보강할 수 있다.

| 1987년 (양) 4월 5일<br>묘(卯)시<br>야구선수 강정호 | | 시 일 월 연 (乾)<br>丁 甲 癸 丁<br>卯 申 卯 卯 | | |
|---|---|---|---|---|
| 목(木) | 화(火) | 토(土) | 금(金) | 수(水) |
| 4개 | 2개 | 0개 | 1개 | 1개 |
| 65점 | 20점 | 0점 | 15점 | 10점 |

이 사주는 목(木) 4개 65점, 화(火) 2개 20점, 토(土) 0개 0점, 금(金) 1개 15점, 수(水) 1개 10점으로 구성되어 있다. 토(土)가 0개이고 0점이니 토(土)의 발음오행을 활용하면 좋다. 토(土)는 발음오행으로 ㅇ, ㅎ에 해당하므로 ㅇ, ㅎ가 들어가는 이름이나 호 또는 상호를 작명하여 사용하면 좋다.

| 1972년 (양) 9월 13일<br>유(酉)시<br>아나운서 윤인구 | | 시 일 월 연 (乾)<br>己 丁 己 壬<br>酉 未 酉 子 | | |
|---|---|---|---|---|
| 목(木) | 화(火) | 토(土) | 금(金) | 수(水) |
| 0개 | 1개 | 3개 | 2개 | 2개 |
| 0점 | 10점 | 35점 | 45점 | 20점 |

이 사주는 목(木) 0개 0점, 화(火) 1개 10점, 토(土) 3개 35점, 금(金) 2개 45점, 수(水) 2개 20점으로 구성되어 있다. 목(木)이 0개이고 0점이니 목(木)의 발음오행을 활용하면 좋다. 목(木)의 발음오행은 ㄱ, ㅋ이므로 ㄱ, ㅋ이 들어가는 이름이나 호 또는 상호를 작명하여 사용하면 좋다.

## 2. 고립

사주에서 고립된 오행과 같은 발음오행을 우선적으로 활용하고, 원한다면 그 오행을 생하는 오행을 추가로 활용한다.

| 1952년 (음) 11월 10일<br>오(午)시<br>기업인 고(故) 강금원 | | | 시 일 월 연 (乾)<br>甲 丙 壬 壬<br>午 午 子 辰 | | |
|---|---|---|---|---|---|
| 목(木) | 화(火) | 토(土) | 금(金) | 수(水) | |
| 1개 | 3개 | 1개 | 0개 | 3개 | |
| 10점 | 40점 | 10점 | 0점 | 50점 | |

이 사주의 주인공은 노무현 전 대통령의 절친이었던 고(故) 강금원 씨이다. 이 사주는 목(木) 1개 10점, 화(火) 3개 40점, 토(土) 1개 10점, 금(金) 0개 0점, 수(水) 3개 50점으로 구성되어 있다.

이 사주는 갑목(甲木)과 진토(辰土)가 고립이다. 따라서 목(木)과 토(土)를 활용해야 한다. 목(木)의 발음오행은 ㄱ, ㅋ이므로 ㄱ, ㅋ이 들어간 이름이나 호 또는 상호를 작명하여 활용하면 좋다. 또한 토(土)의 발음오행은 ㅇ, ㅎ이니 ㅇ, ㅎ이 들어간 이름이나 호(號) 또는 상호를 작명하여 활용하면 좋다.

| 1945년 (음) 11월 25일<br>진(辰)시<br>CEO | | 시 일 월 연 (乾)<br>庚 庚 戊 乙<br>辰 午 子 酉 | | |
|---|---|---|---|---|
| 목(木) | 화(火) | 토(土) | 금(金) | 수(水) |
| 1개 | 1개 | 2개 | 3개 | 1개 |
| 10점 | 15점 | 25점 | 30점 | 30점 |

이 사주는 목(木) 1개 10점, 화(火) 1개 15점, 토(土) 2개 25점, 금(金) 3개 30점, 수(水) 1개 30점으로 구성되어 있다.

일지 오화(午火)가 고립이므로 같은 오행인 화(火)를 활용해야 한다. 화(火)의 발음오행은 ㄴ, ㄷ, ㅌ, ㄹ이므로 ㄴ, ㄷ, ㅌ, ㄹ이 들어간 이름이나 호, 또는 상호를 작명하여 활용하면 좋다.

## 3. 과다

과다 오행을 극하는 오행을 우선적으로 활용하고, 원한다면 과다 오행이 극하는 오행을 추가로 활용한다.

| 2014년 (양) 9월 11일<br>진(辰)시 | | 시 일 월 연 (坤)<br>庚 乙 癸 甲<br>辰 酉 酉 午 | | |
|---|---|---|---|---|
| 목(木) | 화(火) | 토(土) | 금(金) | 수(水) |
| 2개 | 1개 | 1개 | 3개 | 1개 |
| 20점 | 10점 | 15점 | 55점 | 10점 |

심부전증으로 사망한 아기의 사주이다. 목(木) 2개 20점, 화(火) 1개 10점, 토(土) 1개 15점, 금(金) 3개 55점, 수(水) 1개 10점이다. 금(金)이 3개에 55점이면 과다이다. 이러한 사주는 과다한 금(金)을 극하는 화(火)를 활용해야 한다. 화(火)의 발음오행은 ㄴ, ㄷ, ㅌ, ㄹ이므로 ㄴ, ㄷ, ㅌ, ㄹ이 들어간 이름이나 호, 또는 상호를 작명하여 활용한다.

| 1963년 (음) 3월 8일<br>오(午)시 | | 시<br>庚<br>午 | 일<br>甲<br>戌 | 월<br>乙<br>卯 | 연 (乾)<br>癸<br>卯 | |
|---|---|---|---|---|---|---|
| 목(木) | 화(火) | 토(土) | | 금(金) | 수(水) | |
| 4개 | 1개 | 1개 | | 1개 | 1개 | |
| 60점 | 15점 | 15점 | | 10점 | 10점 | |

IQ 210으로 기네스북에 오른 신동의 사주이다. 목(木) 4개 60점, 화(火) 1개 15점, 토(土) 1개 15점, 금(金) 1개 10점, 수(水) 1개 10점으로 구성되어 있다. 목(木)이 4개에 60점으로 과다이니 과다한 목(木)을 극하는 금(金)을 활용해야 한다. 금(金)의 발음오행은 ㅅ, ㅈ, ㅊ이므로 ㅅ, ㅈ, ㅊ이 들어간 이름이나 호, 또는 상호를 작명하여 활용한다.

## 4. 태과다

과다와 마찬가지로 태과다 오행을 극하는 오행을 우선적으로 활용한다. 원한다면 태과다 오행이 극하는 오행을 추가로 활용한다.

| 1963년 (양) 1월 10일<br>해(亥)시<br>의사 | | 시 일 월 연 (乾)<br>癸 癸 癸 壬<br>亥 丑 丑 寅 | | |
|---|---|---|---|---|
| 목(木) | 화(火) | 토(土) | 금(金) | 수(水) |
| 1개 | 0개 | 2개 | 0개 | 5개 |
| 10점 | 0점 | 15점 | 0점 | 85점 |

이 사주는 목(木) 1개 10점, 화(火) 0개 0점, 토(土) 2개 15점, 금(金) 0개 0점, 수(水) 5개 85점으로 구성되어 있다. 수(水)가 5개에 85점으로 태과다이다. 따라서 수(水)를 극하는 토(土)를 활용해야 한다. 토(土)의 발음오행은 ㅇ, ㅎ이니 ㅇ, ㅎ이 들어간 이름이나 호, 또는 상호를 작명하여 활용한다. 사주 주인공은 신경정신과 의사인데 만약 신경정신과 병원을 개업한다면 한마음, 한사랑 등이 들어간 이름이 좋다.

## 숫자 활용법

동양에서도 숫자는 오랜 역사를 가지고 있고, 운명을 점치는 도구로 오랫동안 활용되어왔다. 숫자를 분류하는 방법은 다양하다. 먼저 오행에는 1부터 10까지의 숫자가 배정된다. 사주명리학의 학문적 기원인 주역(周易)의 하도(河圖)를 보면 1부터 10까지의 수가 질서 있게 배열되어 있다. 즉, 5와 10의 사각형을 중심으로 1과 2, 3과 4가 안쪽에서 서로 마주보고, 1과 6, 2와 7, 3과 8, 4와 9, 5와 10이 각각 짝을 이룬다. 1과 6은 수(水), 2와 7은 화(火), 3과 8은 목(木), 4와 9는 금(金), 5와 10은 토(土)이다.

이 중에서 홀수인 1, 3, 5, 7, 9를 하늘의 수인 천수(天數)라 하고 짝수인 2, 4, 6, 8, 10을 땅의 수인 지수(地數)라 한다.

또한 5개의 수가 서로 더해져 새로운 수가 만들어진다. 즉, 생수(生數)인 1, 2, 3, 4, 5에 각각 5를 더하

면 6, 7, 8, 9, 10의 성수(成數)가 된다.

● 오행의 생수와 성수

| 오행 | 木 | 火 | 土 | 金 | 水 |
|------|-----|-----|-----|-----|-----|
| 생수 | 3 | 2 | 5 | 4 | 1 |
| 성수 | 8 | 7 | 10 | 9 | 6 |

● 하도

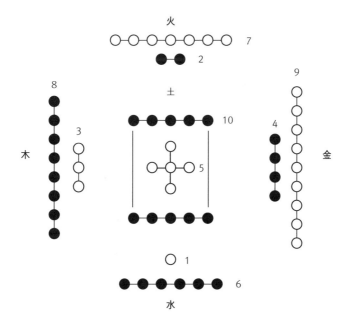

다음으로 사주 간지에 붙이는 하락이수(河洛理數)가 있다. 천간과 지지를 숫자로 바꾸고, 짝수는 짝수끼리 홀수는 홀수끼리 더하여 그것을 일정한 공식으로 계산하여 주역의 괘로 변환시켜 주역으로 해석한다.

● 천간의 숫자 환산표

| 천간 | 갑(甲) | 을(乙) | 병(丙) | 정(丁) | 무(戊) | 기(己) | 경(庚) | 신(辛) | 임(壬) | 계(癸) |
|------|------|------|------|------|------|------|------|------|------|------|
| 수 | 6 | 2 | 8 | 7 | 1 | 9 | 3 | 4 | 6 | 2 |

● 지지의 숫자 환산표

| 지지 | 자(子) | 축(丑) | 인(寅) | 묘(卯) | 진(辰) | 사(巳) | 오(午) | 미(未) | 신(申) | 유(酉) | 술(戌) | 해(亥) |
|------|------|------|------|------|------|------|------|------|------|------|------|------|
| 수 | 1,6 | 5,10 | 3,8 | 3,8 | 5,10 | 2,7 | 2,7 | 5,10 | 4,9 | 4,9 | 5,10 | 1,6 |

여기에서는 오행의 숫자를 활용하는 방법을 설명한다. 우선순위에 따라 태과다, 고립, 과다, 무존재의 순서로 활용한다. 단, 오행마다 수가 2개씩 있기 때문에 두 가지 오행을 활용하면 4개의 숫자가 있어서 복잡하다. 따라서 우선적으로 사용하는 오행의 숫자를 활용한다.

## 1. 무존재

사주에 없는 오행의 숫자를 전화번호, 택일 등에 활용한다.

| 1971년 (양) 2월 2일<br>술(戌)시<br>아나운서 | | 시 일 월 연 (坤)<br>壬 戊 己 庚<br>戌 午 丑 戌 | | |
|------|------|------|------|------|
| 목(木) | 화(火) | 토(土) | 금(金) | 수(水) |
| 0개 | 1개 | 5개 | 1개 | 1개 |
| 0점 | 15점 | 45점 | 10점 | 40점 |

이 사주는 목(木) 0개 0점, 화(火) 1개 15점, 토(土) 5개 45점, 금(金) 1개 10점,

137

수(水) 1개 40점으로 이루어져 있다. 월지 축토(丑土)는 수(水) 30점이다. 목(木)이 0개 0점이니 목(木)을 활용해야 한다. 목(木)의 숫자인 3과 8을 전화번호, 택일 등에 활용하면 좋다.

| 1965년 (음) 1월 7일<br>묘(卯)시<br>정치인 이광재 | | 시<br>乙<br>卯 | 일<br>癸<br>巳 | 월<br>戊<br>寅 | 연 (乾)<br>乙<br>巳 | |
|---|---|---|---|---|---|---|
| 목(木) | 화(火) | 토(土) | 금(金) | 수(水) |
| 4개 | 2개 | 1개 | 0개 | 1개 |
| 35점 | 25점 | 10점 | 0점 | 40점 |

이 사주는 목(木) 4개 35점, 화(火) 2개 25점, 토(土) 1개 10점, 금(金) 0개 0점, 수(水) 1개 40점으로 이루어져 있다. 월지 인목(寅木)은 수(水) 30점이다. 금(金)이 0개 0점이니 금(金)을 활용해야 한다. 금(金)의 숫자인 4와 9를 전화번호, 택일 등에 활용한다.

## 2. 고립

사주에서 고립된 오행의 숫자를 활용한다. 원한다면 여기에 고립 오행을 생하는 오행을 추가로 활용한다.

| 1954년 (음) 10월 20일<br>유(酉)시<br>영부인 김정숙 | | 시<br>乙<br>酉 | 일<br>乙<br>亥 | 월<br>乙<br>亥 | 연 (坤)<br>甲<br>午 |
|---|---|---|---|---|---|
| 목(木) | 화(火) | 토(土) | 금(金) | 수(水) | |
| 4개 | 1개 | 0개 | 1개 | 2개 | |
| 40점 | 10점 | 0점 | 15점 | 45점 | |

이 사주는 목(木) 4개 40점, 화(火) 1개 10점, 토(土) 0개 0점, 금(金) 1개 15점, 수(水) 2개 45점으로 이루어져 있다. 시지 유금(酉金)이 고립이니 금(金)을 활용해야 한다. 금(金)의 숫자인 4와 9를 전화번호, 택일 등에 활용한다.

| 1973년 (양) 7월 5일<br>미(未)시<br>개그맨 이혁재 | | 시<br>丁<br>未 | 일<br>壬<br>寅 | 월<br>戊<br>午 | 연 (乾)<br>癸<br>丑 |
|---|---|---|---|---|---|
| 목(木) | 화(火) | 토(土) | 금(金) | 수(水) | |
| 1개 | 2개 | 3개 | 0개 | 2개 | |
| 15점 | 55점 | 20점 | 0점 | 20점 | |

이 사주는 목(木) 1개 15점, 화(火) 2개 55점, 토(土) 3개 20점, 금(金) 0개 0점, 수(水) 2개 20점으로 이루어져 있다. 사오미신(巳午未申)월의 미(未)시는 화(火) 15점이다. 연간 계수(癸水)와 일간 임수(壬水)가 고립되어 있으니 수(水)를 활용해야 한다. 수(水)의 숫자인 1과 6을 전화번호, 택일 등에 활용한다.

## 3. 과다

사주에 과다한 오행이 있으면 그 오행을 극하는 오행의 숫자를 활용한다. 원한
다면 과다 오행이 극하는 오행의 숫자를 추가해도 좋다.

| 1969년 (음) 5월 21일<br>미(未)시<br>박물관장 | | 시 일 월 연 (坤)<br>乙 辛 庚 己<br>未 巳 午 酉 | | |
|---|---|---|---|---|
| 목(木) | 화(火) | 토(土) | 금(金) | 수(水) |
| 1개 | 2개 | 2개 | 3개 | 0개 |
| 10점 | 60점 | 10점 | 30점 | 0점 |

이 사주는 목(木)이 1개 10점, 화(火) 2개 60점, 토(土) 2개 10점, 금(金) 3개 30
점, 수(水) 0개 0점으로 이루어져 있다. 화(火)가 60점으로 과다하다. 따라서 화
(火)를 극하는 수(水)를 활용해야 한다. 수(水)의 숫자인 1과 6을 전화번호, 택
일 등에 활용한다.

## 4. 태과다

과다와 마찬가지다. 사주에 태과다한 오행이 있으면 그 오행을 극하는 오행의
숫자를 활용한다. 원한다면 여기에 태과다 오행이 극하는 오행의 숫자를 추가
해도 좋다.

| 1963년 (음) 12월 11일<br>축(丑)시<br>전 고려대 총학생회장 | | 시<br>癸<br>丑 | 일<br>癸<br>酉 | 월<br>乙<br>丑 | 연 (乾)<br>癸<br>卯 | |
|---|---|---|---|---|---|---|
| 목(木) | 화(火) | 토(土) | 금(金) | | 수(水) | |
| 2개 | 0개 | 2개 | 1개 | | 3개 | |
| 20점 | 0점 | 0점 | 15점 | | 75점 | |

이 사주는 목(木) 2개 20점, 화(火) 0개 0점, 토(土) 2개 0점, 금(金) 1개 15점, 수(水) 3개 75점으로 구성되어 있다. 월지 축토(丑土)는 수(水) 30점, 시지 축토(丑土)는 수(水) 15점이다. 수(水)가 75점이고 금(金)의 생을 받아 태과다하므로 수(水)를 극하는 토(土)를 활용해야 한다. 토(土)의 숫자인 5와 10을 전화번호, 택일 등에 활용한다.

| 1972년 (양) 12월 17일<br>해(亥)시<br>가수 서태지 | | 시<br>辛<br>亥 | 일<br>壬<br>午 | 월<br>壬<br>子 | 연 (乾)<br>壬<br>子 | |
|---|---|---|---|---|---|---|
| 목(木) | 화(火) | 토(土) | 금(金) | | 수(水) | |
| 0개 | 1개 | 0개 | 1개 | | 6개 | |
| 0점 | 15점 | 0점 | 10점 | | 85점 | |

이 사주는 목(木) 0개 0점, 화(火) 1개 15점, 토(土) 0개 0점, 금(金) 1개 10점, 수(水) 6개 85점이다. 수(水)가 85점으로 태과다하니 수(水)를 극하는 토(土)를 활용해야 한다. 토(土)의 숫자인 5과 10을 전화번호, 택일 등에 활용한다.

# 자기불구화
## Self-handicapping

"어제 일찍 잠들어서 시험공부 하나도 못했어. 어떡해."
"게임하느라 시험공부를 못했어."

왜 많은 학생들은 공부를 열심히 했다고 하지 않고 이렇게 공부를 못했다고 할까?
사실은 공부를 열심히 하고도 공부를 안 한 것처럼, 못한 것처럼 핑계를 대는 경우도
많다. 이유는 자기불구화(Self-handicapping) 심리 때문이다. 자기불구화란 미래에
일어날지도 모르는 실패로부터 자신의 자존감을 보호하기 위해 미리 거짓말을 하거
나 변명을 만들어놓는 것을 말한다.

학생들은 시험결과에 대해, 직장인은 업무성과에 대해 늘 걱정한다. 시험을 열심히
준비했는데, 업무를 열심히 준비했는데 망치거나 실수를 하면 자존감에 상처를 입게
된다. 이를 방어하기 위해 자기불구화를 한다.

자기불구화란 곧 핑곗거리를 만들거나 변명을 준비해놓는 것이다. '몸이 안 좋아',
'감기에 걸려', '게임하느라', '엄마 심부름 하느라', 이렇게 핑계를 미리 준비해놓으
면 시험이나 업무를 망치더라도 그 원인을 외부로 돌릴 수 있어서 자신의 자존감을
지킬 수 있다.

공부를 열심히 할 수 없는 상황, 업무를 적극적으로 할 수 없는 상황이었는데도 결과
가 좋았다면 자신의 머리가 좋거나 자신의 능력이 뛰어나서 결과가 좋았다고 이야기
할 수 있어 자신의 자존감을 높일 수 있다.

사주명리학의 오행이나 육친, 신살 중에서도 자기불구화가 더 강한 것과 덜 강한 것
이 있다. 자신에게 엄격하고 타인에게 자신을 덜 내세우는 금(金) 발달과 식상 발달
은 자기불구화가 더 강하다. 반면에 자신을 드러내고 표현하며 자신감이 강한 화(火)
과다와 태과다, 관성 과다와 태과다는 자기불구화가 덜 강하다.

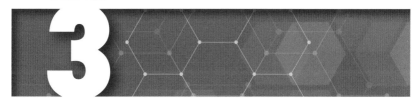

CHAPTER

3

천간지지·육친 활용법

天地

# 1

## 천간지지 활용법

사주팔자에서 특정 천간과 지지가 무존재나 고립일 때 그 천간과 지지의 방향(방위), 색상, 상징하는 보석을 활용할 수 있다. 단, 무존재와 고립의 천간지지를 모두 활용하기에는 수가 너무 많고 복잡하기 때문에 여기에서는 무존재보다는 고립을 중심으로 활용한다. 무엇보다 고립되는 천간과 지지가 무존재보다 더 위험하기 때문이다. 만약 고립이 없다면 그 다음에 무존재의 천간과 지지를 활용하면 된다.

오행 활용법과 천간지지 활용법의 차이는 크지 않다. 오행 활용법은 오행에 따라 크게 다섯 가지로 분류했다면, 천간지지 활용법은 색상이나 방향이 세분화되어 있다. 사주명리학 초보자들이나 일반 독자들은 오행 분류법으로 충분하고, 전문가는 천간지지 활용법을 활용하면 좋을 것이다.

# 1. 천간지지의 24방위

방위의 기본은 동서남북 4방위이다. 이를 북, 북동, 동, 남동, 남, 남서, 서, 북
서로 세분한 것이 8방위이다. 동양에서 사용하는 24방위는 8방위를 다시 촘촘
하게 나눈 것이다. 즉, 북은 임자계(壬子癸), 북동은 축간인(丑艮寅), 동은 갑묘
을(甲卯乙), 남동은 진손사(辰巽巳), 남은 병오정(丙午丁), 남서는 미곤신(未坤
申), 서는 경유신(庚酉辛), 북서는 술건해(戌乾亥)로 나눌 수 있다. 다음 패철(나
경) 24방위도를 보면, 천간 10글자 중에서 무기(戊己)는 중앙이므로 제외하고,
지지 12글자와 주역의 팔괘 중에서 간손곤건(艮巽坤乾)의 4괘를 추가해 24방
위를 만들었다. 천간지지 활용법에서 방향은 패철을 기준으로 한다.

● 패철(나경)의 24방위도

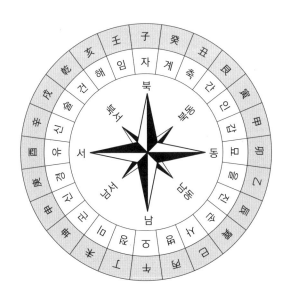

천간지지·육친 활용법 ● 천간지지 활용법

## 2. 천간지지의 색상

천간 10글자와 지지 12글자는 오행보다 더 세분화된 색상을 나타낸다.

● 천간지지의 색상

| 천간 | 색상 | 지지 | 색상 |
| --- | --- | --- | --- |
| 갑(甲) | 초록색 | 자(子) | 검은색 |
| 을(乙) | 연두색 | 축(丑) | 흑갈색, 고동색 |
| 병(丙) | 빨간색 | 인(寅) | 남색 |
| 정(丁) | 분홍색 | 묘(卯) | 파란색 |
| 무(戊) | 노란색 | 진(辰) | 터키옥색 |
| 기(己) | 연노란색 | 사(巳) | 보라색 |
| 경(庚) | 흰색 | 오(午) | 빨간색 |
| 신(辛) | 회색 | 미(未) | 주황색 |
| 임(壬) | 검은색 | 신(申) | 진갈색 |
| 계(癸) | 자주색 | 유(酉) | 흰색 |
| | | 술(戌) | 회갈색 |
| | | 해(亥) | 고동색 |

한편, 12지지 중에서 신(申), 인(寅), 축(丑), 미(未)는 사주팔자 연월일시의 어디에 위치하느냐에 따라 색상이 다음과 같이 변화한다.

### 신(申)

① 월지에 있을 때, 그리고 여름에 시지에 있을 때는 진갈색(구리색 · 밤색).

② 연지나 일지에 있을 때, 그리고 봄 · 가을 · 겨울에 시지에 있을 때는 흰색.

### 인(寅)

① 월지에 있을 때, 그리고 겨울에 시지에 있을 때는 검은색에 가까운 남색.

② 연지나 일지에 있을 때, 그리고 봄 · 여름 · 가을에 시지에 있을 때는 파란색.

### 축(丑)

① 월지에 있을 때, 그리고 겨울에 시지에 있을 때는 검은색에 가까운 흑갈색.

② 연지나 일지에 있을 때, 그리고 봄 · 여름 · 가을에 시지에 있을 때는 노란색
　에 가까운 연갈색.

### 미(未)

① 월지에 있을 때는 빨간색에 가까운 주황색.

② 여름에 시지에 있을 때는 주황색.

신(申), 인(寅), 축(丑), 미(未)가 연월일시 위치에 따라 색상이 변화하는 것을 좀
더 쉽게 이해하려면 월지 분석을 참조하면 된다. 이 네 글자는 계절의 영향을
강하게 받는 월지에 위치할 때 다른 오행으로 변화하면서 색상도 달라진다.

## 3. 천간지지의 방위와 색상

이제까지 설명한 천간과 지지의 방위와 색상을 다음과 같이 연결지을 수 있다.
단, 순서는 패철(나경)의 24방위도를 따른다.

● 천간지지의 색상과 방위

| 간지 | 색상 | 방위 | 간지 | 색상 | 방위 |
|------|------|------|------|------|------|
| 자(子) | 검은색 | 정북 | 정(丁) | 분홍색 | 남서 |
| 계(癸) | 자주색 | 북북북북동 | 미(未) | 주황색 | 남서서 |
| 축(丑) | 흑갈색, 고동색 | 북북북동 | 신(申) | 진갈색 | 남서서서 |
| 인(寅) | 남색 | 북북동 | 경(庚) | 흰색 | 남서서서서 |
| 갑(甲) | 초록색 | 북동 | 유(酉) | 흰색 | 정서 |
| 묘(卯) | 파란색 | 정동 | 신(辛) | 회색 | 북서 |
| 을(乙) | 연두색 | 동남남남남 | 술(戌) | 회갈색 | 북북서 |
| 진(辰) | 터키옥색 | 동남남남 | 해(亥) | 고동색 | 북북북서 |
| 사(巳) | 보라색 | 동남남 | 임(壬) | 검은색 | 북북북북서 |
| 병(丙) | 빨간색 | 동남 | 무(戊) | 노란색 | 중앙 |
| 오(午) | 빨간색 | 정남 | 기(己) | 연노란색 | 중앙 |

## 4. 천간지지의 보석

### 천간의 보석

• 갑(甲) 초록색_ 크리소베일, 다이아몬드, 옥, 말라카이트, 페리도트, 토르말린, 지르콘

• 을(乙) 연두색_ 페리도트, 차보라이트, 버멜라이트

• 병(丙) 빨간색_ 레드 베릴(빅스바이트), 코런덤, 산호, 다이아몬드, 가닛, 스

피넬, 레드 토파즈, 토르말린, 지르콘, 루비

- 정(丁) 분홍색_ 핑크 토르말린, 분홍 수정, 분홍 진주, 장미석, 산호, 핑크 사파이어
- 무(戊) 노란색_ 토파즈, 황수정, 호박, 지르콘, 임페리얼 토파즈
- 기(己) 연노란색_ 레몬 퀴츠, 드라바이트, 시트린, 옐로 사파이어
- 경(庚) 흰색(무색)_ 지르콘, 고셰나이트, 다이아몬드, 화이트 토파즈, 화이트 사파이어, 문스톤, 칼사이트
- 신(辛) 회색_ 그레이 문스톤, 화이트 오팔, 헤머타이트
- 임(壬) 검은색_ 오닉스, 흑진주, 블랙 토르말린, 흑요석, 블랙 오팔, 블랙 사파이어
- 계(癸) 자주색_ 자수정, 자주색 스피넬, 알만다이트 가닛

## 지 지 의 보 석

- 자(子) 검은색_ 오닉스, 흑진주, 블랙 토르말린, 흑요석, 블랙 오팔, 블랙 사파이어
- 축(丑) 흑갈색, 고동색_ 스모키 퀴츠, 드라바이트, 칼세도니
- 인(寅) 남색_ 탄자나이트, 블루 사파이어, 피터사이트
- 묘(卯) 파란색_ 아마조나이트, 알렉산드라이트, 아쿠아마린, 혹스 아이, 사파이어, 스피넬, 토파즈, 지르콘
- 진(辰) 터키옥색_ 터키석, 크리스콜라, 아마조나이트
- 사(巳) 보라색_ 아이올라이트, 자수정, 스피넬, 탄자나이트
- 오(午) 빨간색_ 레드 베릴(빅스바이트), 코런덤, 산호, 다이아몬드, 가닛, 스피넬, 레드 토파즈, 토르말린, 지르콘, 루비
- 미(未) 주황색_ 산호, 호박, 시트린, 지르콘, 파이어 오팔, 스페사르틴, 가닛, 카닐리언, 선스톤

- 신(申) 진갈색_ 연수정, 아게이트, 마호가니옵시디언, 타이거즈 아이, 스모키 쿼츠
- 유(酉) 흰색(무색)_ 지르콘, 고셰나이트, 다이아몬드, 칼사이트, 문스톤, 화이트 사파이어, 화이트 토파즈
- 술(戌) 회갈색_ 스모키 쿼츠, 드라바이트, 칼세도니
- 해(亥) 고동색_ 호박, 시트린, 벽옥(재스퍼), 갈색 마노

각자의 사주팔자에서 고립되거나 무존재인 천간지지, 특히 고립된 천간지지를 보완하고 싶을 때 해당 간지의 색을 가진 보석을 액세서리로 활용할 수 있다.

## 보석의 성향과 특색

### ① 분홍색

핑크 토르말린, 분홍 수정, 분홍 진주, 장미석, 산호, 핑크 사파이어
- 정신적, 육체적 긴장을 풀어준다.
- 사랑이 충만하게 해준다.

### ② 빨간색

레드 베릴(빅스바이트), 코런덤, 산호, 다이아몬드, 가닛, 스피넬, 레드 토파즈, 토르말린, 지르콘, 루비
- 심장을 튼튼하게 해준다.
- 심신을 건강하게 해준다.

### ③ 검은색

오닉스, 흑진주, 흑요석, 블랙 오팔, 블랙 사파이어, 블랙 토르말린
- 심신을 건강하게 해준다.

• 심신을 안정시켜준다.

### ④ 노 란 색

토파즈, 황수정, 호박, 지르콘, 임페리얼 토파즈

• 대화와 소통을 원활하게 해준다.

• 명랑하고 활기차게 해준다.

### ⑤ 보 라 색

자수정, 스피넬, 탄자나이트, 아이올라이트

• 감수성을 확장시킨다.

• 자신을 돌아보게 한다.

### ⑥ 초 록 색

크리소베일, 다이아몬드, 옥, 말라카이트, 페리도트, 토르말린, 지르콘

• 편안한 마음을 유지시키고 휴식을 준다.

• 스트레스를 완화시켜주고 감정을 차분하게 해준다.

### ⑦ 파 란 색

아마조나이트, 토파즈, 지르콘, 아쿠아마린, 사파이어, 스피넬, 알렉산드라이트, 혹스 아이

• 지적이고 이상을 추구한다.

• 창의적이고 겸손하며 정신적 리더십이 있다.

### ⑧ 주 황 색

산호, 호박, 시트린, 지르콘, 파이어 오팔, 스페사르틴, 가닛, 카닐리언, 선스톤

- 일에 있어서 활기와 열정을 제공한다.
- 생동감으로 주변을 변화시킨다.

### ⑨ 진갈색

아게이트, 연수정, 타이거즈 아이, 마호가니옵시디언, 스모키 쿼츠
- 안전함과 편안함을 준다.
- 공포와 스트레스를 막아주고 내적 안도감을 준다.

### ⑩ 흰색(무색)

다이아몬드, 칼사이트, 문스톤, 화이트 사파이어, 화이트 토파즈, 지르콘, 고셰나이트
- 차갑고 원칙적이며 구체적이다.
- 기계적이고 완벽하다.

### ⑪ 연두색

페리도트, 차보라이트, 버델라이트
- 부드럽고 우아하며 따뜻하다.
- 여성적이며 이완시켜주는 따뜻함과 여유가 있다.

### ⑫ 자주색

자수정, 알만다이트 가닛, 자주색 스피넬
- 관능적이고 예술적이다.
- 감수성이 예민하고 감정이 솔직하다.

### ⑬ 회색

화이트 오팔, 헤머타이트, 그레이 문스톤

• 지적이고 과학과 수학 등에 호기심이 많다.

• 나약하고 유약하며 생각이 많다.


### ⑭ 연노란색

레몬 쿼츠, 드라바이트, 시트린, 옐로 사파이어

• 활발하고 활동적이며 명랑하다.

• 대인관계가 원만하고 소통을 잘한다.


## 5. 실전 사주 분석

| 1981년 (양) 8월 14일<br>신(申)시 | 시 일 월 연 (乾)<br>壬 甲 丙 辛<br>申 子 申 酉 | | | |
|---|---|---|---|---|
| **목(木)** | **화(火)** | **토(土)** | **금(金)** | **수(水)** |
| 1개 | 1개 | 0개 | 4개 | 2개 |
| 10점 | 55점 | 0점 | 20점 | 25점 |

교통사고로 사망한 사람의 사주이다. 이 사주는 목(木) 1개 10점, 화(火) 1개 55점, 토(土) 0개 0점, 금(金) 4개 20점, 수(水) 2개 25점으로 구성되어 있다. 신(申)월인 양력 8월 14일에 태어났으니 최저기온 22℃ 정도, 최고기온 27℃로 아직 더위가 남아 있다. 신(申)월은 화(火) 30점이고, 신(申)월의 신(申)시 또한 화(火) 15점으로 분석하며, 신금(申金)이 화(火)에 녹아 고립된다. 신(申)시는 여름이기 때문에 고립이 강하다. 일간 갑목(甲木)과 월간 병화(丙火)도 고립이니 목

(木), 화(火), 금(金)을 살려주는 오행의 색상과 방향을 활용해야 한다.

먼저 오행을 활용하는 경우이다. 목(木) 고립은 청색 계열과 흑색 계열, 동쪽과 북쪽을 활용한다. 화(火) 고립은 적색 계열과 청색 계열, 남쪽과 동쪽을 활용한다. 금(金) 고립은 백색 계열과 황색 계열, 서쪽과 중앙을 활용한다.

다음으로 천간과 지지를 활용하는 방법이다. 갑목(甲木) 고립은 초록색, 북동 방향, 초록색 보석을 활용한다. 병화(丙火) 고립은 빨간색, 동남 방향, 빨간색 보석을 활용한다. 월지와 시지 신금(申金) 고립은 진갈색(구리색), 남서서서 방향, 진갈색(구리색) 보석을 활용한다.

| 1956년 (양) 8월 31일 신(申)시 정치인 노회찬 | | 시 | 일 | 월 | 연 (乾) |
|---|---|---|---|---|---|
| | | 甲 | 庚 | 丙 | 丙 |
| | | 申 | 午 | 申 | 申 |

| 목(木) | 화(火) | 토(土) | 금(金) | 수(水) |
|---|---|---|---|---|
| 1개 | 3개 | 0개 | 4개 | 0개 |
| 10점 | 80점 | 0점 | 20점 | 0점 |

이 사주는 목(木) 1개 10점, 화(火) 3개 80점, 토(土) 0개 0점, 금(金) 4개 20점, 수(水) 0개 0점으로 구성되어 있다. 앞의 사주에서 보았듯이 월지 신금(申金)은 화(火) 30점이고, 사오미신(巳午未申)월의 신(申)시는 화(火) 15점으로 분석한다. 이 사주 역시 화(火)가 80점으로 태과다한 사주이다. 화(火)를 극하는 수(水), 그리고 화(火)가 극하는 금(金)을 활용해야 한다.

오행 활용법은 태과다를 우선하지만, 천간지지 활용법은 고립을 우선적으로 활용해야 한다. 이 사주는 고립이 매우 많다. 일간 경금(庚金), 시간 갑목(甲木), 연지 신금(申金), 월지 신금(申金), 시지 신금(申金)이 고립이다. 일간 경금(庚金)은 주변의 화(火)와 목(木)에 둘러싸여 고립되어 있다. 시간 갑목(甲

木)은 주변의 화(火)와 금(金)으로 둘러싸여 고립되어 있다. 연지 신금(申金)은 주변의 화(火)로 둘러싸여 고립되어 있다. 그리고 월지 신금(申金)은 뜨거운 여름으로 금(金)이 녹고, 시지는 한여름의 신(申)시인데 이 역시 뜨거운 계절의 낮 시간이라서 금(金)이 녹는다.

일간 경금(庚金)의 고립은 각각 흰색, 남서서서 방향, 흰색 보석을 활용한다. 시간 갑목(甲木)의 고립은 각각 초록색, 북동 방향, 초록색 보석을 활용한다. 연지 신금(申金)의 고립은 각각 흰색, 남서서서 방향, 흰색 보석을 활용한다. 월지와 시지 신금(申金)의 고립은 각각 진갈색(구리색), 남서서서 방향, 진갈색(구리색) 보석을 활용한다.

| 1997년 (양) 9월 1일<br>진(辰)시<br>가수 방탄소년단 정국 | | 시 | 일 | 월 | 연 (乾) |
|---|---|---|---|---|---|
| | | 壬 | 丙 | 戊 | 丁 |
| | | 辰 | 午 | 申 | 丑 |

| 목(木) | 화(火) | 토(土) | 금(金) | 수(水) |
|---|---|---|---|---|
| 0개 | 3개 | 3개 | 1개 | 1개 |
| 0점 | 65점 | 35점 | 0점 | 10점 |

이 사주는 목(木) 0개 0점, 화(火) 3개 65점, 토(土) 3개 35점, 금(金) 1개 0점, 수(水) 1개 10점으로 구성되어 있다. 화(火)가 65점으로 과다한 사주이다. 오행으로는 화(火)를 극하는 수(水), 그리고 수(水)를 생하는 금(金) 오행을 활용하면 좋다.

천간과 지지로는 고립을 활용하는데, 시간 임수(壬水)가 고립이고, 월지 신금(申金)이 계절(여름)로 인해 고립이다. 시지 진토(辰土)는 주위의 화(火)가 생을 하여 고립되어 있지만, 생 고립은 활용하지 않아도 된다. 시간 임수(壬水)의 고립은 각각 검은색, 북북북북서 방향, 검은색 보석을 활용한다. 월지 신금(申金)의 고립은 각각 진갈색(구리색), 남서서서방향, 진갈색(구리색) 보석을 활용한다.

| 1964년 (음) 3월 17일<br>인(寅)시<br>정치인 이인영 | 시 | 일 | 월 | 연 (乾) |
| | 壬 | 丁 | 戊 | 甲 |
| | 寅 | 未 | 辰 | 辰 |

| 목(木) | 화(火) | 토(土) | 금(金) | 수(水) |
|---|---|---|---|---|
| 2개 | 1개 | 4개 | 0개 | 1개 |
| 40점 | 10점 | 50점 | 0점 | 10점 |

이 사주는 목(木) 2개 40점, 화(火) 1개 10점, 토(土) 4개 50점, 금(金) 0개 0점, 수(水) 1개 10점으로 구성되어 있다. 월지 진토(辰土)는 목(木) 15점, 토(土) 15점이다. 오행으로는 토(土)가 50점으로 과다하므로 토(土)를 극하는 목(木), 그리고 토(土)가 극하는 수(水)를 활용해야 한다. (점수가 발달에 가까우니 우선하지 않아도 된다.)

천간지지로는 고립을 활용한다. 시간 임수(壬水)와 일간 정화(丁火)가 고립인데, 일간 정화(丁火)는 생 고립이므로 활용하지 않아도 된다. 시간 임수(壬水) 고립은 각각 검은색, 북북북북서 방향, 검은색 보석을 활용한다.

| 1946년 (음) 8월 6일<br>진(辰)시<br>전 대통령 노무현 | 시 | 일 | 월 | 연 (乾) |
| | 丙 | 戊 | 丙 | 丙 |
| | 辰 | 寅 | 申 | 戌 |

| 목(木) | 화(火) | 토(土) | 금(金) | 수(水) |
|---|---|---|---|---|
| 1개 | 3개 | 3개 | 1개 | 0개 |
| 15점 | 60점 | 35점 | 0점 | 0점 |

이 사주는 목(木) 1개 15점, 화(火) 3개 60점, 토(土) 3개 35점, 금(金) 1개 0점, 수(水) 0개 0점으로 구성되어 있다. 월지 신금(申金)은 화(火) 30점이다. 이 사주는 화(火)가 60점으로 과다이다. 오행으로는 화(火)를 극하는 수(水), 화(火)가 극하는 금(金)를 활용해야 한다.

천간지지로는 고립을 활용하는데, 연지 술토(戌土)가 생 고립, 월지 신금(申金)이 계절(여름)로 인한 고립, 일간 무토(戊土)가 생 고립, 일지 인목(寅木)이 고립이다. 이 중에서 생 고립은 활용하지 않아도 된다. 월지 신금(申金)의 고립은 각각 진갈색(구리색), 남서서서 방향, 진갈색(구리색) 보석을 활용한다. 일지 인목(寅木)의 고립은 각각 파란색, 북북동 방향, 파란색 보석을 활용한다.

| 1959년 (양) 7월 28일 오(午)시 작가 유시민 | | | 시 | 일 | 월 | 연 (乾) |
|---|---|---|---|---|---|---|
| | | | 甲 | 辛 | 辛 | 己 |
| | | | 午 | 亥 | 未 | 亥 |

| 목(木) | 화(火) | 토(土) | 금(金) | 수(水) |
|---|---|---|---|---|
| 1개 | 1개 | 2개 | 2개 | 2개 |
| 10점 | 45점 | 10점 | 20점 | 25점 |

이 사주는 목(木) 1개 10점, 화(火) 1개 45점, 토(土) 2개 10점, 금(金) 2개 20점, 수(水) 2개 25점으로 구성되어 있다. 월지 미토(未土)는 화(火) 30점이다. 화(火)가 45점으로 발달인데 오행 중에서 점수가 가장 높다. 화(火)를 극하는 수(水), 그리고 화(火)가 극하는 금(金)을 활용하면 좋다.

천간지지로는 고립을 활용한다. 연간 기토(己土)가 생 고립인데 생 고립은 활용하지 않아도 된다. 따라서 이 사주는 천간지지로는 활용하지 않아도 된다. 어떤 색상, 어떤 방향, 어떤 보석도 다 어울린다고 볼 수 있다.

| 1972년 (양) 8월 14일<br>술(戌)시<br>방송인 유재석 | | 시   일   월   연 (乾)<br>庚   丁   戊   壬<br>戌   丑   申   子 | | |
|---|---|---|---|---|
| 목(木) | 화(火) | 토(土) | 금(金) | 수(水) |
| 0개 | 1개 | 3개 | 2개 | 2개 |
| 0점 | 40점 | 40점 | 10점 | 20점 |

이 사주는 목(木) 0개 0점, 화(火) 1개 40점, 토(土) 3개 40점, 금(金) 2개 10점, 수(水) 2개 20점으로 구성되어 있다. 월지 신금(申金)은 화(火) 30점이다. 화(火)와 토(土)가 각각 40점으로 발달이다. 오행으로는 목(木)이 무존재이다.

천간지지로는 고립을 우선한다. 월지 신금(申金)이 계절(여름)에 녹아 고립되어 있다. 시간 경금(庚金)은 생 고립인데, 생 고립은 활용하지 않아도 된다. 따라서 월지 신금(申金) 고립을 활용하되, 각각 진갈색(구리색), 남서서서 방향, 진갈색(구리색) 보석을 활용하면 좋다.

| 1973년 (음) 6월 29일<br>신(申)시<br>야구선수 박찬호 | | 시   일   월   연 (乾)<br>甲   乙   己   癸<br>申   丑   未   丑 | | |
|---|---|---|---|---|
| 목(木) | 화(火) | 토(土) | 금(金) | 수(水) |
| 2개 | 0개 | 4개 | 1개 | 1개 |
| 20점 | 45점 | 35점 | 0점 | 10점 |

이 사주는 목(木) 2개 20점, 화(火) 0개 45점, 토(土) 4개 35점, 금(金) 1개 0점, 수(水) 1개 10점으로 구성되어 있다. 월지 미토(未土)는 화(火) 30점, 시지 신금(申金)은 화(火) 15점이다. 화(火)와 토(土)가 발달이다.

천간지지로는 고립을 활용하는데, 연간 계수(癸水)가 고립, 시지 신금(申金)이 여름에 낮이라 고립이다. 따라서 연간 계수(癸水) 고립은 각각 자주색, 북북북북동 방향, 자주색 보석을 활용한다. 시지 신금(申金)의 고립은 각각 진갈색(구리색), 남서서서 방향, 진갈색(구리색) 보석을 활용한다.

| 1969년 (양) 3월 7일<br>유(酉)시<br>탤런트 신애라 | | 시    일    월    연 (坤)<br>丁    辛    丁    己<br>酉    巳    卯    酉 | | |
|---|---|---|---|---|
| 목(木) | 화(火) | 토(土) | 금(金) | 수(水) |
| 1개 | 3개 | 1개 | 3개 | 0개 |
| 30점 | 35점 | 10점 | 35점 | 0점 |

이 사주는 목(木) 1개 30점, 화(火) 3개 35점, 토(土) 1개 10점, 금(金) 3개 35점, 수(水) 0개 0점으로 구성되어 있다. 목(木)이 30점, 화(火)가 35점, 금(金)이 35점으로 발달되어 있다. 참고로 육친을 보면 금(金) 비겁, 목(木) 재성, 화(火) 관성이 발달되어 비재관의 복이 있다.

천간지지로는 월지 묘목(卯木)이 고립이다. 다만 30점의 고립이라서 그 작용이 약하다. 월지 묘목(卯木)의 고립은 각각 파란색, 정동 방향, 파란색 보석을 활용한다.

| 1962년 (양) 10월 2일<br>미(未)시<br>정치인 유은혜 | | 시 일 월 연 (坤)<br>己 癸 己 壬<br>未 酉 酉 寅 | | |
|---|---|---|---|---|
| 목(木) | 화(火) | 토(土) | 금(金) | 수(水) |
| 1개 | 0개 | 3개 | 2개 | 2개 |
| 10점 | 0점 | 35점 | 45점 | 20점 |

이 사주는 목(木) 1개 10점, 화(火) 0개 0점, 토(土) 3개 35점, 금(金) 2개 45점, 수(水) 2개 20점으로 구성되어 있다. 월간 기토(己土)가 고립되어 있다. 오행으로는 토(土)와 화(火)를 활용하면 좋은 사주이다.

천간지지로는 월간 기토(己土)와 일간 계수(癸水)가 고립인데, 계수(癸水)는 생 고립이라서 작용력이 약하다. 월간 기토(己土)의 고립은 각각 연노란색, 중앙 방향, 연노란색 보석을 활용한다.

| 1962년 (음) 12월 2일<br>진(辰)시<br>탤런트 최수종 | | 시 일 월 연 (乾)<br>庚 庚 壬 壬<br>辰 子 子 寅 | | |
|---|---|---|---|---|
| 목(木) | 화(火) | 토(土) | 금(金) | 수(水) |
| 1개 | 0개 | 1개 | 2개 | 4개 |
| 10점 | 0점 | 15점 | 20점 | 65점 |

이 사주는 목(木) 1개 10점, 화(火) 0개 0점, 토(土) 1개 15점, 금(金) 2개 20점, 수(水) 4개 65점으로 구성되어 있다. 연지 인목(寅木)의 생 고립은 목(木)을, 시지 진토(辰土)의 고립은 토(土)와 화(火)를 활용하면 좋다.

천간지지로는 연지 인목(寅木) 고립, 시지 진토(辰土) 고립이다. 연지 인목(寅木) 고립은 각각 파란색, 북북동 방향, 파란색 보석을 활용하면 좋다. 시지 진토(辰土) 고립은 각각 터키옥색, 동남남남 방향, 터키옥색 보석을 활용한다.

| 1992년 (양) 7월 8일<br>유(酉)시<br>축구선수 손흥민 | | 시 일 월 연 (乾)<br>乙 乙 丁 壬<br>酉 酉 未 申 | | |
|---|---|---|---|---|
| 목(木) | 화(火) | 토(土) | 금(金) | 수(水) |
| 2개 | 1개 | 1개 | 3개 | 1개 |
| 20점 | 40점 | 0점 | 40점 | 10점 |

이 사주는 목(木) 2개 20점, 화(火) 1개 40점, 토(土) 1개 0점, 금(金) 3개 40점, 수(水) 1개 10점으로 구성되어 있다. 월지 미토(未土)는 화(火) 30점이다. 토(土)가 0점으로 무존재이고, 연지 신금(申金)이 고립이다. 따라서 오행으로는 금(金)과 토(土)를 활용하면 좋다.

천간지지로는 연지 신금(申金)이 고립이므로 각각 백색, 남서서서 방향, 백색 보석을 활용하면 좋다.

| 1998년 (양) 1월 2일<br>유(酉)시<br>축구선수 이승우 | 시  일  월  연 (乾)<br>癸  己  壬  丁<br>酉  酉  辰  丑 | | | |
|---|---|---|---|---|
| 목(木) | 화(火) | 토(土) | 금(金) | 수(水) |
| 0개 | 1개 | 3개 | 2개 | 2개 |
| 15점 | 10점 | 35점 | 30점 | 20점 |

이 사주는 목(木) 0개 15점, 화(火) 1개 10점, 토(土) 3개 35점, 금(金) 2개 30점, 수(水) 2개 20점으로 구성되어 있다. 시간 계수(癸水)가 생 고립이므로 오행으로는 수(水)를 활용하면 좋다.

천간지지로는 시간 계수(癸水)가 고립이므로 자주색, 북북북북동 방향, 자주색 보석을 활용한다.

**2**

## 육친 활용법

오행을 통해서도 운명의 변화변동과 운명의 개척 방법을 알 수 있지만, 육친을 통해서도 운명의 변화변동과 운명의 개척 방법을 알 수 있다. 성격과 직업적성은 물론 성별에 따른 가족관계와 사회관계를 보여주기 때문에 육친은 매우 중요하다.

참고로 오행으로는 건강을 분석하지만, 육친으로는 건강을 분석하지 않는다. 예를 들어, 사주팔자에서 특정 육친이 고립된다고 해서 직접적인 건강문제가 나타나지는 않는다. 육친에 대한 좀 더 자세한 내용은 필자의 『사주명리학 완전정복』을 참고하기 바란다.

# 1. 육친의 의의

먼저 육친(六親)에 대해 간략하게 설명한다. 육친은 사주의 주인공인 일간과 다른 오행들의 관계를 보는 것이다. 즉, 일간 오행과 같은 오행인가, 일간 오행이 생하는가 반대로 생을 받는가, 일간 오행이 극하는가 반대로 극을 당하는가에 따라 비겁(비견 · 겁재), 식상(식신 · 상관), 재성(편재 · 정재), 관성(편관 · 정관), 인성(편인 · 정인)으로 분류한다. 오행과 음양을 따져 모두 10가지로 분류하므로 십신(十神) 또는 십성(十星)이라고도 한다.

● 육친표

| 육친 | 일간 기준 음양오행 | 육친관계 | 사회관계 |
|---|---|---|---|
| 비견<br>(比肩) | 일간과 음양오행이 같은 것 | 남자에게는 형제, 친구, 선후배, 동업자 | 대인관계, 사람관계, 사람 상대 |
| 겁재<br>(劫財) | 일간과 오행이 같고 음양은 다른 것 | 여자에게는 자매, 친구, 선후배, 동업자, 시댁식구, 내 남자의 여자 | |
| 식신<br>(食神) | 일간이 생하는 오행으로 음양이 같은 것 | 남자에게는 사위, 손자, 손녀<br>여자에게는 자식 | 언어능력, 음식 |
| 상관<br>(傷官) | 일간이 생하는 오행으로 음양이 다른 것 | | |
| 편재<br>(偏財) | 일간이 극하는 오행으로 음양이 같은 것 | 남자에게는 아내, 애인, 아버지<br>여자에게는 아버지 | 금전, 재물 |
| 정재<br>(正財) | 일간이 극하는 오행으로 음양이 다른 것 | | |
| 편관<br>(偏官) | 일간을 극하는 오행으로 음양이 같은 것 | 남자에게는 자식<br>여자에게는 남편, 애인 | 명예, 직장 |
| 정관<br>(正官) | 일간을 극하는 오행으로 음양이 다른 것 | | |
| 편인<br>(偏印) | 일간을 생하는 오행으로 음양이 같은 것 | 남자에게는 어머니<br>여자에게는 어머니 | 부동산, 공부 |
| 정인<br>(正印) | 일간을 생하는 오행으로 음양이 다른 것 | | |

| 천간지지＼일간 | 甲 | 乙 | 丙 | 丁 | 戊 | 己 | 庚 | 辛 | 壬 | 癸 |
|---|---|---|---|---|---|---|---|---|---|---|
| 甲·寅 | 비견 | 겁재 | 편인 | 정인 | 편관 | 정관 | 편재 | 정재 | 식신 | 상관 |
| 乙·卯 | 겁재 | 비견 | 정인 | 편인 | 정관 | 편관 | 정재 | 편재 | 상관 | 식신 |
| 丙·巳 | 식신 | 상관 | 비견 | 겁재 | 편인 | 정인 | 편관 | 정관 | 편재 | 정재 |
| 丁·午 | 상관 | 식신 | 겁재 | 비견 | 정인 | 편인 | 정관 | 편관 | 정재 | 편재 |
| 戊·辰·戌 | 편재 | 정재 | 식신 | 상관 | 비견 | 겁재 | 편인 | 정인 | 편관 | 정관 |
| 己·丑·未 | 정재 | 편재 | 상관 | 식신 | 겁재 | 비견 | 정인 | 편인 | 정관 | 편관 |
| 庚·申 | 편관 | 정관 | 편재 | 정재 | 식신 | 상관 | 비견 | 겁재 | 편인 | 정인 |
| 辛·酉 | 정관 | 편관 | 정재 | 편재 | 상관 | 식신 | 겁재 | 비견 | 정인 | 편인 |
| 壬·亥 | 편인 | 정인 | 편관 | 정관 | 편재 | 정재 | 식신 | 상관 | 비견 | 겁재 |
| 癸·子 | 정인 | 편인 | 정관 | 편관 | 정재 | 편재 | 상관 | 식신 | 겁재 | 비견 |

각각의 육친은 다음과 같이 해석된다.

- **비겁**  사람으로는 남녀 모두에게 형제자매, 친구, 선후배, 동업자를 나타낸다. 사회적으로는 대인관계, 인간관계를 의미한다.
- **식상**  사람으로는 남자에게 장모나 할머니, 여자에게 자식을 나타낸다. 언어능력과 의식주를 주관한다.
- **재성**  사람으로는 남자에게 여자, 남녀 모두에게 아버지를 나타낸다. 사회적으로는 비정기적인 재물, 낙천성, 쾌락성을 의미한다.
- **관성**  사람으로는 남자에게 자식, 여자에게는 배우자를 나타낸다. 사회적으로 명예, 관직, 자유를 의미한다.
- **인성**  사람으로는 남녀 모두에게 어머니를 나타낸다. 사회적으로는 문서, 부동산, 공부 등을 의미한다.

## 2. 육친 분석

육친의 무존재, 고립, 발달, 과다, 태과다의 기준은 오행의 기준과 동일하다.

| 1955년 (음) 1월 19일<br>묘(卯)시<br>대학교수 | | 시　일　월　연 (乾)<br>乙　癸　戊　乙<br>卯　卯　寅　未 | | |
|---|---|---|---|---|
| 목(木) 식상 | 화(火) 재성 | 토(土) 관성 | 금(金) 인성 | 수(水) 비겁 |
| 5개 | 0개 | 2개 | 0개 | 1개 |
| 50점 | 0점 | 20점 | 0점 | 40점 |

이 사주는 계수(癸水) 일간이니 수(水)가 비겁이고, 생하는 순서대로 목(木)이 식상, 화(火)가 재성, 토(土)가 관성, 금(金)이 인성이 된다. 점수를 분석하면 목 (木) 식상 5개 50점, 화(火) 재성 0개 0점, 토(土) 관성 2개 20점, 금(金) 인성 0개 0점, 수(水) 비겁 1개 40점으로 이루어져 있다. 월지 인목(寅木)은 수(水) 30점 이다.

앞에서 오행을 무존재, 고립, 발달, 과다, 태과다로 분류한 것처럼, 육 친도 같은 기준으로 무존재, 고립, 발달, 과다, 태과다로 분류할 수 있다. 이 사 주의 경우에 수(水) 비겁 40점과 목(木) 식상 50점은 발달, 화(火) 재성은 0점으 로 무존재, 토(土) 관성은 20점, 금(金) 인성은 0점으로 무존재이다.

## 3. 육친 활용시 주의사항

오행과 마찬가지로 육친도 장점과 단점을 모두 가지고 있다. 그리고 그 단점은 태과다, 과다, 고립, 무존재 사주에 나타난다. 참고로 태과다, 과다, 고립, 무존재에는 여러 종류가 있다. 사주원국 자체의 태과다, 과다, 고립, 무존재가 있고, 사주원국의 합 이후의 태과다, 과다, 고립, 무존재가 있으며, 대운과 사주원국이 합을 한 후의 태과다, 과다, 고립, 무존재가 있다. 이 세 가지 경우를 잘 분석하여 태과다, 과다, 고립, 무존재의 문제를 파악해야 한다.

육친의 단점은 육친의 가족관계, 인간관계, 사회관계, 직업적성 등에 다양한 형태로 나타난다. 고립과 태과다에서 단점이 강하게 나타나고, 과다와 무존재에서는 오히려 단점들이 크게 나타나지 않는 경우가 많다. 예를 들어 남편이 없는 여성과, 남편이 도박하고 바람을 피우고 폭력을 휘두르는 여성의 삶을 비교해보자. 남편이 없는 여성보다 그런 남편이 있는 여성이 더 힘들고 고통스러울 것이다.

사주원국도 마찬가지다. 육친이 아예 없을 때보다 육친이 있는데 고립되었거나 너무 태과다해서 문제가 있는 것이 더 힘들고 고통스러울 가능성이 높고, 그 육친과 관련된 사건사고가 일어날 가능성이 높다. 이런 경우에는 차라리 고립이나 태과다 육친에 집착하지 않고 발달 육친을 적극적으로 활용하거나, 과다나 태과다 육친을 활용하되 욕망을 버리면 발달과 과다, 태과다 육친에서 좋은 성과를 얻어낼 수 있다. 그러나 많은 사람들이 고립된 육친이나 태과다한 육친에 집착하고 욕망을 품어서 일을 과도하게 벌이거나 확장하다가 그 육친에 문제가 생기고, 서로 다투거나 법정소송에 이르게 되는 사건사고로 고통을 겪게 된다.

정리하면 다음과 같다. 발달과 과다는 적극적으로 노력하고 힘쓰며, 태과다는 욕심과 욕망을 버리고 타고난 재능으로 정면승부를 하면 좋고, 고립은 마음을 비우고 타인에게 베푼다는 마음으로 더불어 사는 삶을 살아갈 때 사주 원국의 각 육친이 균형 있게 발전하게 된다.

## 4. 실전 사주 분석

### 비겁 고립

| 2009년 (양) 9월 14일<br>유(酉)시 | | | 시 일 월 연 (乾)<br>己 壬 癸 己<br>酉 戌 酉 丑 | | |
|---|---|---|---|---|---|
| 목(木) 식상 | 화(火) 재성 | 토(土) 관성 | 금(金) 인성 | 수(水) 비겁 |
| 0개 | 0개 | 4개 | 2개 | 2개 |
| 0점 | 0점 | 45점 | 45점 | 20점 |

이 사주는 목(木) 식상 0개 0점, 화(火) 재성 0개 0점, 토(土) 관성 4개 45점, 금(金) 인성 2개 45점, 수(水) 비겁 2개 20점이다. 월간 계수(癸水)와 일간 임수(壬水)가 토(土), 금(金)으로 고립되었다. 금(金)이 45점이고, 수(水)는 20점이니 생고립이다.

　　이 사주의 주인공은 2013년에 사망했다. 하지만 비겁이 고립된다고 해서 모든 사람들이 사망하는 것은 아니다. 비겁이 고립일 때 비겁에 욕심을 부리지 않고 대신 발달이나 과다 육친을 잘 활용하면 긍정적인 삶, 희망적인 삶을 살 수 있다.

## 비겁 태과다

| 1967년 (음) 5월 4일<br>오(午)시 | | 시 | 일 | 월 | 연 (乾) |
|---|---|---|---|---|---|
| | | 甲 | 丙 | 丙 | 丁 |
| | | 午 | 午 | 午 | 未 |

| 목(木) 인성 | 화(火) 비겁 | 토(土) 식상 | 금(金) 재성 | 수(水) 관성 |
|---|---|---|---|---|
| 1개 | 6개 | 1개 | 0개 | 0개 |
| 10점 | 90점 | 10점 | 0점 | 0점 |

이 사주는 목(木) 인성 1개 10점, 화(火) 비겁 6개 90점, 토(土) 식상 1개 10점, 금(金) 재성 0개 0점, 수(水) 관성 0개 0점이다. 화(火) 비겁이 90점으로 태과다이며, 갑목(甲木) 인성이 고립이다. 인성 고립으로 부모복이 약하고, 비겁 과다로 친구, 선후배, 형제, 자매, 스승 등의 복이 없다. 사주 주인공은 초등학생 때 체육교사에게 살해당했다.


## 식상 태과다

| 1984년 (양) 1월 18일<br>자(子)시 | | 시 | 일 | 월 | 연 (乾) |
|---|---|---|---|---|---|
| | | 戊 | 辛 | 乙 | 癸 |
| | | 子 | 亥 | 丑 | 亥 |

| 목(木) 재성 | 화(火) 관성 | 토(土) 인성 | 금(金) 비겁 | 수(水) 식상 |
|---|---|---|---|---|
| 1개 | 0개 | 2개 | 1개 | 4개 |
| 10점 | 0점 | 10점 | 10점 | 80점 |

이 사주의 주인공은 버지니아 공대 총기 난사 사건의 범인이다. 목(木) 재성 1개 10점, 화(火) 관성 0개 0점, 토(土) 인성 2개 10점, 금(金) 비겁 1개 10점, 수 식상(水) 4개 80점이다. 수(水) 식상이 80점으로 태과다이다. 또한 인성 고립,

비겁 고립, 재성 고립으로 5개의 육친 중에서 4개의 육친에 단점이 두드러지는 사주이다.

## 재 성 무 존 재

| 1954년 (음) 10월 20일<br>유(酉)시<br>영부인 김정숙 | 시 일 월 연 (坤)<br>乙 乙 乙 甲<br>酉 亥 亥 午 | | | |
|---|---|---|---|---|
| 목(木) 비겁 | 화(火) 식상 | 토(土) 재성 | 금(金) 관성 | 수(水) 인성 |
| 4개 | 1개 | 0개 | 1개 | 2개 |
| 40점 | 10점 | 0점 | 15점 | 45점 |

이 사주는 목(木) 비겁 4개 40점, 화(火) 식상 1개 10점, 토(土) 재성 0개 0점, 금(金) 관성 1개 15점, 수(水) 인성 4개 45점이다. 토(土) 재성이 0점으로 무존재이다. 만약 오행을 활용하고 싶다면 토(土) 오행의 방향과 색상, 숫자 등을 활용하는 것이 좋다.

| 1968년 (양) 2월 12일<br>신(申)시 | 시 일 월 연 (乾)<br>戊 壬 甲 戊<br>申 子 寅 申 | | | |
|---|---|---|---|---|
| 목(木) 식상 | 화(火) 재성 | 토(土) 관성 | 금(金) 인성 | 수(水) 비겁 |
| 2개 | 0개 | 2개 | 2개 | 2개 |
| 10점 | 0점 | 20점 | 25점 | 55점 |

이 사주는 목(木) 식상 2개 10점, 화(火) 재성 0개 0점, 토(土) 관성 2개 20점, 금(金) 인성 2개 25점, 수(水) 비겁 2개 55점으로 구성되어 있다. 화(火) 재성이

0개 0점으로 무존재이다. 부인이 자살한 사람의 사주이다.

| 1975년 (양) 12월 26일<br>진(辰)시<br>기업인 | | 시<br>壬<br>辰 | 일<br>丙<br>午 | 월<br>戊<br>子 | 연 (坤)<br>乙<br>卯 | |
|---|---|---|---|---|---|---|
| 목(木) 인성 | 화(火) 비겁 | 토(土) 식상 | 금(金) 재성 | 수(水) 관성 |
| 2개 | 2개 | 2개 | 0개 | 2개 |
| 20점 | 25점 | 25점 | 0점 | 40점 |

이 사주의 주인공은 천재소녀로 불렸던 기업인이다. 목(木) 인성 2개 20점, 화
(火) 비겁 2개 25점, 토(土) 식상 2개 25점, 금(金) 재성 0개 0점, 수(水) 관성 2개
40점으로 구성되어 있다. 금(金) 재성이 사주팔자에도 없고 지장간에도 없다.
부친이 불의의 사고로 사망했다.

### 재성 고립

| 1932년 (음) 10월 8일<br>유(酉)시<br>법정스님 | | 시<br>乙<br>酉 | 일<br>庚<br>午 | 월<br>庚<br>戌 | 연 (乾)<br>壬<br>申 | |
|---|---|---|---|---|---|---|
| 목(木) 재성 | 화(火) 관성 | 토(土) 인성 | 금(金) 비겁 | 수(水) 식상 |
| 1개 | 1개 | 1개 | 4개 | 1개 |
| 10점 | 15점 | 15점 | 60점 | 10점 |

목(木) 재성 1개 10점, 화(火) 관성 1개 15점, 토(土) 인성 1개 15점, 금(金) 비겁
4개 60점, 수(水) 식상 1개 10점으로 구성되어 있다. 이 사주는 시간의 을목(乙
木) 재성이 고립되었다. 사주 주인공은 평생 흐트러지지 않는 절제된 삶과 물

욕을 멀리한 삶을 살았다. 재성 고립인 사람이 사업을 확장하거나 여성을 탐하면 돈 잃고 여자도 잃는 아픔을 겪게 된다.

| 1976년 (양) 11월 17일<br>유(酉)시<br>방송인 데프콘 | | 시<br>辛<br>酉 | 일<br>癸<br>酉 | 월<br>己<br>亥 | 연 (乾)<br>丙<br>辰 | |
|---|---|---|---|---|---|---|
| 목(木) 식상 | 화(火) 재성 | 토(土) 관성 | | 금(金) 인성 | | 수(水) 비겁 |
| 0개 | 1개 | 2개 | | 3개 | | 2개 |
| 0점 | 10점 | 20점 | | 40점 | | 40점 |

이 사주는 목(木) 식상 0개 0점, 화(火) 재성 1개 10점, 토(土) 관성 2개 20점, 금(金) 인성 3개 40점, 수(水) 비겁 2개 40점으로 구성되어 있다. 연간의 병화(丙火) 재성이 고립되었는데 44세인 현재 미혼이다.

| 1964년 (음)10월 28일<br>사(巳)시<br>전 충남지사 안희정 | | 시<br>己<br>巳 | 일<br>甲<br>申 | 월<br>乙<br>亥 | 연 (乾)<br>甲<br>辰 |
|---|---|---|---|---|---|
| 목(木) 비겁 | 화(火) 식상 | 토(土) 재성 | 금(金) 관성 | 수(水) 인성 | |
| 3개 | 1개 | 2개 | 1개 | 1개 | |
| 30점 | 15점 | 20점 | 15점 | 30점 | |

이 사주는 목(木) 비겁 3개 30점, 화(火) 식상 1개 15점, 토(土) 재성 2개 20점, 금(金) 관성 1개 15점, 수(水) 인성 1개 30점으로 구성되어 있다. 연지의 진토(辰土) 재성이 고립되어 있다. 따라서 돈문제, 여성문제로 힘들 수 있다.

| 1950년 (음) 2월 3일<br>인(寅)시<br>가수 조용필 | | 시 일 월 연 (乾)<br>戊 乙 己 庚<br>寅 卯 卯 寅 | | |
|---|---|---|---|---|
| 목(木) 비겁 | 화(火) 식상 | 토(土) 재성 | 금(金) 관성 | 수(水) 인성 |
| 5개 | 0개 | 2개 | 1개 | 0개 |
| 80점 | 0점 | 20점 | 10점 | 0점 |

이 사주는 목(木) 비겁 5개 80점, 화(火) 식상 0개 0점, 토(土) 재성 2개 20점, 금(金) 관성 1개 10점, 수(水) 인성 0개 0점으로 구성되어 있다. 월간 기토(己土) 재성과 시간 무토(戊土) 재성이 고립이다. 기토(己土)는 을묘묘인(乙卯卯寅)의 극을 받고 경금(庚金)에게 설기를 당하고 있으며, 무토(戊土)는 을묘인(乙卯寅)의 극을 받고 있다. 목(木) 비겁이 태과다인 사주가 직접 돈거래를 하면 인덕이 없어 손해를 본다. 하지만 연기자, 가수, 운동선수가 팬들과 만나거나 강사가 수강생들을 만날 때는 인기가 높아진다. 즉, 비겁 태과다는 지식이나 끼를 통해 사람들과 관계를 맺는 직업에서 능력을 발휘한다.

## 관성 고립

| 1970년 (음) 3월 13일<br>유(酉)시 | | 시 일 월 연 (乾)<br>辛 戊 庚 庚<br>酉 辰 辰 戌 | | |
|---|---|---|---|---|
| 목(木) 관성 | 화(火) 인성 | 토(土) 비겁 | 금(金) 식상 | 수(水) 재성 |
| 0개 | 0개 | 4개 | 4개 | 0개 |
| 15점 | 0점 | 50점 | 45점 | 0점 |

이 사주는 목(木) 관성 0개 15점, 화(火) 인성 0개 0점, 토(土) 비겁 4개 50점, 금

(金) 식상 4개 45점, 수(水) 재성 0개 0점으로 구성되어 있다. 월지 진토(辰土)는 목(木) 15점, 토(土) 15점이다. 이 사주는 진(辰)월의 목(木) 관성이 토(土) 비겁과 금(金) 식상으로 고립되었다. 관성이 고립되니 관재수가 발생했다. 또한 시지 유금(酉金)이 진유합금(辰酉合金)과 유술합금(酉戌合金)을 하니 지지 전체가 금(金)으로 바뀌었다. 이렇게 합을 한 오행으로 통일되어 많아지면 극단적인 욕구가 강력해진다. 세상을 떠들썩하게 만든 연쇄살인범의 사주이다.

## 인성 고립

| 1972년 (양) 10월 3일<br>유(酉)시<br>배우 고(故) 김주혁 | | 시 일 월 연 (乾)<br>己 丁 己 壬<br>酉 卯 酉 子 | | |
|---|---|---|---|---|
| 목(木) 인성 | 화(火) 비겁 | 토(土) 식상 | 금(金) 재성 | 수(水) 관성 |
| 1개 | 1개 | 2개 | 2개 | 2개 |
| 15점 | 10점 | 20점 | 45점 | 20점 |

이 사주는 목(木) 인성 1개 15점, 화(火) 비겁 1개 10점, 토(土) 식상 2개 20점, 금(金) 재성 2개 45점, 수(水) 관성 2개 20점으로 구성되어 있다. 이 사주는 일지 묘목(卯木) 인성이 고립되어 있어서 목(木)의 뼈, 관절, 교통사고의 위험이 있다. 인성 고립은 부모와 일찍 헤어지게 되거나, 부모와 인연이 없거나 사이가 좋지 않게 된다.

## 대덕 PLUS<sup>+</sup> 합으로 인한 육친의 변화

오행이나 육친의 점수는 사주원국, 사주원국 내에서의 합, 그리고 대운과 사주원국의 합이후에 달라질 수 있다. 여기서는 합을 하여 오행이나 육친의 점수가 크게 달라졌을 때 그 영향에 대해 설명한다.

사주팔자 여덟 글자의 오행과 육친을 분석하면 그 중에는 고립은 아니지만 점수가 낮은 10~25점, 발달 점수인 30~50점, 과다 점수인 50~80점 등이 있다. 여기서 낮은 점수, 발달 점수, 과다 점수의 색상, 방향, 숫자, 발음(소리) 등을 활용하여 해당 오행과 육친의 성향을 극대화시키는 방법이 있다.

특히 발달과 과다의 색상, 방향, 숫자, 발음 등을 활용하면 단기적인 목표나 결정적인 목표를 이루는 데 효과가 크다. 단기적인 목표, 결정적인 목표란 무엇인가? 구의원, 시의원, 도의원, 구청장, 군수, 시장, 도지사 선거와 같은 지방자치 선거, 국회의원 선거, 유산상속, 계약, 주식상장, 주택매매 등이 해당된다. 이렇게 큰 명예나 큰 재물의 거래는 발달과 과다를 활용해야 한다.

예를 들어보자. 방송인 김생민은 2017년 '그레잇(grate)', '스튜핏(stupid)'이란 유행어를 탄생시키면서 인생 최고의 인기를 누리며 큰 사랑을 받았다. 하지만 2018년 미투(Me too) 사건 때문에 하루아침에 곤두박질쳤다. 1973년 (양) 6월 2일 사(巳)시생이니 인기 절정이었던 2017년에 한국 나이로 45살이었다. 또한 2017년은 정유(丁酉)년이다.

| 1973년 (양) 6월 2일 | 시 | 일 | 월 | 연 (乾) |
|---|---|---|---|---|
| 사(巳)시 | 己 | 己 | 丁 | 癸 |
| 방송인 김생민 | 巳 | 巳 | 巳 | 丑 |

| 목(木) 관성 | 화(火) 인성 | 토(土) 비겁 | 금(金) 식상 | 수(水) 재성 |
|---|---|---|---|---|
| 0개 | 4개 | 3개 | 0개 | 1개 |
| 0점 | 70점 | 30점 | 0점 | 10점 |

| 69 | 59 | 49 | 39 | 29 | 19 | 9 |
|---|---|---|---|---|---|---|
| 庚 | 辛 | 壬 | 癸 | 甲 | 乙 | 丙 |
| 戌 | 亥 | 子 | 丑 | 寅 | 卯 | 辰 |

이 사주는 목(木) 관성 0개 0점, 화(火) 인성 4개 70점, 토(土) 비겁 3개 30점, 금(金) 식상 0개 0점, 수(水) 재성 1개 10점으로 구성되어 있다.

2017년 정유(丁酉)년은 45세이니 39세 계축(癸丑) 대운이다. 이때 사주원국, 대운, 세운의 지지가 사유축(巳酉丑) 삼합(三合)을 이루면서 금(金) 식상의 점수가 100점이 되었다. 김생민은 식상을 활용하는 직업에 집중하면서 자신이 출연하는 방송에 금(金)의 색상인 흰색을 주로 입었다.

하지만 그 점수를 10년 넘게 활용하면 오히려 사건사고의 위험이 생길 수 있다. 김생민의 경우에는 2017년 식상의 과다, 그리고 39세 계축(癸丑) 대운의 2018년 무술(戊戌)년에 무계합화(戊癸合火)로 화(火)와 토(土)가 과다해지면서 불리해졌다.

| 1962년 (음) 10월 29일<br>오(午)시<br>국토교통부 장관 김현미 | | 시<br>丙<br>午 | 일<br>丁<br>卯 | 월<br>辛<br>亥 | 연 (坤)<br>壬<br>寅 |
|---|---|---|---|---|---|

| 목(木) 인성 | 화(火) 비겁 | 토(土) 식상 | 금(金) 재성 | 수(水) 관성 |
|---|---|---|---|---|
| 2개 | 3개 | 0개 | 1개 | 2개 |
| 25점 | 35점 | 0점 | 10점 | 40점 |

| 76 | 66 | 56 | 46 | 36 | 26 | 16 | 6 |
|---|---|---|---|---|---|---|---|
| 癸 | 甲 | 乙 | 丙 | 丁 | 戊 | 己 | 庚 |
| 卯 | 辰 | 巳 | 午 | 未 | 申 | 酉 | 戌 |

이 사주는 목(木) 인성 2개 25점, 화(火) 비겁 3개 35점, 토(土) 식상 0개 0점, 금(金) 재성 1개 10점, 수(水) 관성 2개 40점으로 구성되어 있다.

2017년 정유(丁酉)년 56세 을사(乙巳) 대운을 보자. 사주원국의 정임합목(丁壬合木), 해묘합목(亥卯合木), 인해합목(寅亥合木), 그리고 을목(乙木) 대운과 정유(丁酉)년의 정임합목(丁壬合木)으로 인해 목(木) 인성이 90점으로 태과다가 되었는데, 그 해에 장관에 임명되었다.

목(木) 인성 과다는 불리하지만, 발탁이나 유산상속 등과 같은 운명에서는 긍정적, 희망적 변화변동의 작용을 한다는 것을 이 사주를 통해 알 수 있다.

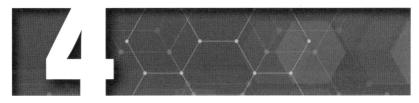

색상의 해석과 궁합

## 색상의 해석

동양에서는 오래 전부터 오행에 따른 색상, 방향, 숫자 등을 활용해왔다. 또한 천간지지와 팔괘를 활용하여 24방위를 만들었는데, 방위에 따른 색상도 존재했다. 나아가 오행이 나타내는 색상과 방향을 현대적으로 해석하고 분류하여 삶에 응용할 수 있는 방법을 개발해 냈다.

사람마다 타고난 사주팔자에는 오행(육친)의 무존재, 고립, 발달, 과다, 태과다에 따른 장점과 단점이 존재하는데, 이 장에서는 특히 색상을 통해 단점을 보완하는 사주코칭을 체계화했다. 사람은 누구나 타고나면서 필요한 색상이 있다. 이 색상을 실내 인테리어를 통해 보완할 수 있다. 벽지나 커튼 색상으로 활용할 수도 있고, 자신에게 맞는 색상이 들어간 그림을 거실이나 방에 걸어놓음으로써 운명을 스스로 변화시킬 수 있다. 또한 자신의 사주에 어울리는 색상을 주로 활용한

영화를 감상하면서 운명을 바꾸는 개운법도 가능하다.

현대에는 심리학에서 색상을 활용한다. 색채심리학이란 이름으로 색채를 심리학에 접목시켜 사람을 분석하거나 상품 판매에 활용하는 등 다양한 방법으로 응용하고 있다. 동양에서 운명학은 누군가의 미래를 예측하는 수단으로만 쓰이고 있고 실생활에 응용하는 방법은 체계화되어 있지 않다. 지금부터 소개하는 내용이 오행의 색상을 현대적인 관점에서 해석하고 실생활에 응용하는 데 도움이 되길 바란다.

## 빨간색

### 음양오행
1차색(원색). 화(火) 과다

### 색상의 특성
안전을 상징하는 색채이며, 분노와 복수의 색채이기도 하다. 안전 중에서 금지를 상징하므로 화재 경보, 방화 금지, 긴급정지, 그리고 흥분시켜 긴장감을 주는 데 사용하기도 한다. 하지만 빨간색에 지나치게 노출되면 피로감을 주거나 주위가 산만해질 수 있으니 주의한다.

자기 확신과 자신감이 넘치는 강렬한 열정의 색채, 가장 자극적이고 감정을 고조시키는 색채이다. 행동적이고 강하고 정열적이며 드라마틱하다. 아드레날린 분비가 활발해지므로 에너지 발산에 효과가 크다. 외향적이어서 사람을 좋아하고, 에너지가 넘치며 호기심이 왕성하고 활동적이다. 리더십이 필요할 때, 커다란 용기가 필요할 때, 결단을 내려야 할 때 힘을 주는 색이다.

괴테(Johann Wolfgang von Goete)는 『색채론』에서 붉은색에 대해 고상한 품위를 갖고 있는 색으로 어둡고 짙은 빨간색은 진지와 위엄을, 밝고 옅은 빨간색은 호의와 우아함을 준다고 했다.


## 색상의 연상
### ① 장점
태양, 불, 혁명, 정열, 열정, 적극, 과감, 과단, 소방차, 응급실, 맥박, 용기, 용맹, 공격, 도전, 현실적, 정열적, 감정적, 힘, 에너지, 감각, 환희, 행복감, 사랑의 감정, 사랑하는, 본능적, 섹시한, 뜨거운, 따뜻함, 명쾌한, 야망, 낙관적인, 자유로운, 감성적, 활발함, 강인함, 행동하는, 표현하는, 솔직한


### ② 단점
위험, 경고, 다혈질, 욕망, 위험물, 흥분, 반항, 피, 레드 콤플렉스(red complex, 공산주의에 대한 과민반응), 야심가, 고집, 지나친 열등감, 공포심, 무절제한 열정, 욕정, 쾌락적, 지나친 분노, 악마, 고통, 광란, 방화, 폭발, 급환, 다혈질, 공격적


### ③ 연상되는 사물(주로 음식)
붉은색 살코기, 붉은 고추, 고추, 고춧가루, 파프리카, 붉은색 과일(딸기 · 사과 · 산딸기 · 토마토 · 대추 · 체리 · 수박 · 앵두 · 석류), 불, 장미, 태양, 피, 소방차, 입술, 노을, 일출


## 색상의 키워드
### ① 긍정적 키워드
불, 태양, 에너지, 용기, 열정, 행동, 모험, 실행, 창조, 창의, 결심, 결단, 기쁨, 환희, 쾌락, 승리, 행복, 생명

## ② 부정적 키워드

화재, 피, 욕망, 증오, 흥분, 다혈질, 충동, 분노, 소란, 고통, 광란, 난폭, 잔인, 전쟁, 투쟁, 폭력, 공격, 반항, 살육, 살인, 흉폭

## 건강

신체의 심장, 혈관, 눈을 담당한다. 혈액순환을 촉진시키고 감각신경을 자극한다.

## 화(火) 고립에 효과적인 작품

- 그림, 에드바르트 뭉크(Edvard Munch), 〈절규〉
- 그림, 얀 반 에이크(Jan van Eyck), 〈아놀드 피니 부부의 초상〉
- 그림, 프리다 칼로(Frida Kahlo), 〈삶이여 영원하라〉
- 그림, 요하네스 페르메이르(Johannes Vermeer), 〈빨간 모자를 쓴 소녀〉
- 영화, 장이머우[張藝謀] 감독, 〈붉은 수수밭〉

## 분홍색

## 음양오행

빨간색 + 흰색으로 화(火)와 금(金)의 조합이다. 화(火) 발달 + 금(金) 발달, 화(火) 과다 + 금(金) 과다

## 색상의 특성

분홍색은 파스텔톤으로 부드럽고 여성적인 색채이다. 공격적인 감정을 안정시키고 흥분을 진정시킨다. 부드러운 분홍색은 봄옷을 연상시키기 때문에 로맨틱한 분위기나 여성성을 상징하기도 한다. 화장품이나 여성복에 분홍색을

많이 사용하는 이유가 여기에 있다.

감각적이며 사랑과 연민의 감정을 드러내고 표현한다. 여성스럽고 온화하여 여성호르몬을 높이고 로맨틱함을 배가시킨다. 상냥하고 만족스러워 서로 격려하고 위로하도록 작용한다. 그러나 너무 과도한 분홍색은 경박하고 천박하며 믿음직스럽지 못한 사람으로 보일 수 있다.

## 색상의 연상
### ① 장점
여성적, 도화, 섹시함, 따뜻함, 섬세한, 정서안정, 온화함, 활동적, 인기 있음, 예술성 있음, 가벼움, 귀여움, 표현함, 모성본능, 행복한, 편안한, 애교 있는, 예의바른, 다정함, 유머가 있는, 순수한, 창조적인, 감성적인, 감각적인, 부드러운, 다정다감, 달콤한, 솔직한, 순진한, 에로틱, 사랑하는, 낙관적, 낭만적

### ② 단점
경박함, 천박함, 믿음직스럽지 않음, 하찮음, 대수롭지 않음, 가벼움, 색기가 넘침, 유혹하는, 충격적인, 충동적인, 저속한, 스트레스가 심한, 쾌락적, 민감한, 지구력이 약한

### ③ 연상되는 사물(주로 음식)
리치, 복숭아, 체리, 앵두, 버찌, 자두, 용과 등의 과일

## 색상의 키워드
### ① 긍정적 키워드
사랑, 애정, 연인, 애교, 섹시, 입술, 마음, 심장, 행복, 기쁨, 로맨스, 아름다움, 매력, 첫사랑, 낭만, 낙관, 세련, 애무, 감성, 육체적, 로맨틱

② 부정적 키워드

연약함, 유약함, 감정 기복, 교태, 아양, 유혹, 야함, 향락, 쾌락, 선정적, 성적, 변덕스러움

## 건강

순환기와 심장의 건강을 관장한다. 혈액순환을 촉진시키고 감각신경을 자극한다.

## 화(火)·금(金) 고립에 효과적인 작품

- 그림, 에드가 드가(Edgar De Gas), 〈분홍 발레복의 무희〉
- 그림, 제임스 애벗 맥닐 휘슬러(James Abbott McNeill Whistler), 〈살색과 분홍의 조화 : 프란시스 레이런드 부인의 초상화〉
- 그림, 앙리 마티스(Henri Matisse), 〈분홍 화실〉, 〈파란색과 분홍색 카펫 위의 장미〉
- 그림, 에밀 놀데(Emil Nolde), 〈성탄전야〉
- 그림, 마르크 샤갈(Marc Chagall), 〈분홍빛 연인들〉
- 그림, 파블로 피카소(Pablo Picasso), 〈장미 시대(1905~1907) 시리즈〉
- 영화, 블레이크 에드워즈(Blake Edwards) 감독, 〈술과 장미의 나날〉
- 샹송, 에디트 피아프(Edith Piaf), 장밋빛 인생

# 주 황 색

## 음양오행

오렌지색이라고도 하며, 빨간색 + 노란색으로 화(火)와 토(土)의 조합이다. 화(火) 발달 + 토(土) 발달, 화(火) 과다 + 토(土) 과다

## 색상의 특성

창조적이고 매사에 열의가 넘치며 용기 있는 색채이다. 사람들 사이에서 친밀감을 주어 시선을 모으고 인기가 있다. 눈에 강렬하게 다가오기 때문에 강한 인상을 남기고, 식욕을 증진시키는 효과도 있다. 이국적이고 기분 좋은 분위기를 만들며, 의욕적이고 사람을 즐겁게 하며, 분위기가 밝아지고 활발한 소통이 가능해진다.

단, 주황색(오렌지색)을 너무 많이 사용하면 과식을 하거나, 과도한 친절과 사교성으로 구설수에 오르내릴 수 있으며, 신경이 예민해지고 피곤하게 느껴진다.

## 색상의 연상

### ① 장점

구명조끼, 이국적, 사교적, 의욕적, 즐거움, 대인관계가 뛰어남, 맛있는, 식욕이 증진됨, 따뜻함, 오렌지, 비타민, 활력, 유쾌함, 낭만적, 저녁노을, 정열적, 활동성, 창조성, 포만감, 자긍심, 힘, 인내, 활력 넘치는, 활기찬, 활발한, 생명력, 약진하는, 희망, 화사한, 행복한, 밝음, 원기 있는, 화려한, 열정이 넘치는, 따뜻한, 소통하는, 생생한, 이해력이 빠른, 적응력

## ② 단점

위험, 집요함, 피곤함, 불안함, 불안정한, 천박한, 사치스러운, 요란한, 애정결핍, 경박한, 속을 알 수 없는, 성격이 급한, 고집이 센

## ③ 연상되는 사물(주로 음식)

한라봉, 파파야, 감, 귤, 호박, 오렌지, 레몬, 자몽, 유자, 멜론, 카레(강황), 당근

## 색상의 키워드
### ① 긍정적 키워드

열정, 정열, 태양, 에너지, 왕성, 건강, 힘, 자신감, 영감, 창의적, 창조성, 사교성, 자유, 성취, 성공, 명랑, 풍요, 풍성, 기쁨, 환희, 열광, 행복, 낙관

### ② 부정적 키워드

야심가, 자유분방, 폭발, 쾌락, 흥분, 탐욕, 욕정, 성욕, 도취, 향락, 독선, 위선, 배신, 저속성, 음란, 광기, 화재

## 건강

자궁, 방광, 신장 등의 비뇨기 계통과 산부인과 계통, 갑상선 기능을 관장한다. 화병, 갑상선항진, 조울증, 생리불순 등과 관련된다.

## 화(火)·토(土) 고립에 효과적인 작품

- 그림, 앙리 마티스(Henri Matisse), 〈춤〉
- 그림, 피테르 더 흐(Piter de Hooch), 〈델프트의 집 안뜰〉
- 그림, 빈센트 반 고흐(Vincent Van Gogh),
  〈과수원과 주황색 지붕이 있는 집〉

- 그림, 클로드 오스카 모네(Claude Oscar Monet), 〈해돋이 인상〉
- 그림, 마크 로스코(Mark Rothko), 〈주황과 노란색〉
- 그림, 폴 고갱(Paul Gaugain), 〈레 미제라블〉
- 그림, 조지 해리슨(George Harrison), 〈방글라데시를 위한 콘서트 (The Concert For Bangladesh)〉 앨범 커버

## 보 라 색

### 음 양 오 행

빨간색 + 파란색, 남색 + 자주색으로 화(火) + 목(木)의 조합이다. 화(火) 발달 + 목(木) 발달, 화(火) 과다 + 목(木) 과다, 화(火) 발달 + 목(木) 고립

### 색 상 의 특 성

품격과 품위가 있고 고상하고 우아함이 함께하는 색채이다. 두려움과 공포를 해소하고 불안한 마음을 정화시켜주며, 정서적 안정과 정신적 보호를 유지해준 다. 감수성과 감각을 확장하고 조절하여 예술성과 신앙심을 배가시키는 힘이 강하다. 우아하고 화려하며, 기운이 강하고 풍부하며, 위엄이 있고 장엄하다.

### 색 상 의 연 상

① 장점

우아함, 풍부함, 화려함, 고귀함, 예술성, 신앙심, 고상함, 품격 있음, 위엄이 있음, 장엄함, 현명함, 감수성이 풍부함, 직관적인, 감각적인, 섬세한, 신비로 운, 재능이 뛰어난, 신성한, 지능이 높은, 응용력이 강한, 창의성이 있는

## ② 단점

슬픔, 고독함, 외로움, 비애, 불만이 있는, 질투심, 광기 있는, 공포심이 있는, 분노하는, 욕구불만인, 불안정한, 고집이 센, 어울리지 못하는, 애정욕구가 심한, 불안한, 경솔한

## ③ 연상되는 사물(주로 음식)

양파, 양배추, 가지, 콩

## 색상의 키워드

### ① 긍정적 키워드

고귀, 고급, 고상, 고결, 고매, 품격, 품위, 위엄, 존엄, 우아, 신비, 세련, 로맨틱, 명품, 영성, 종교, 예술, 의학, 역학, 꿈, 몽상, 예지, 휴식, 기품, 환상, 지혜, 창의성, 감성, 사랑, 예지력, 초능력, 초연, 초월

### ② 부정적 키워드

유혹, 갈등, 비정상, 콤플렉스, 불안, 분열, 방황, 주저, 복종, 체념, 좌절, 포기, 자신감 결여, 미숙, 침전, 도취, 중독, 시련, 우울, 희생, 비밀, 수난, 고독, 망설임, 주저, 애매, 모호, 유약, 나약

## 건강

뇌와 뼈를 자극하고 혈관기능을 원활하게 하며 정신건강이 좋아지게 한다.

## 목(木)·화(火) 고립에 효과적인 작품

- 그림, 클로드 오스카 모네(Claude Oscar Monet), 〈화가의 지베르니 정원〉
- 그림, 패트릭 헤론(Patrick Heron), 〈보라색, 주홍색, 에메랄드, 레몬 그리고

베네치아풍의 카드뮴〉

- 그림, 구스타프 클림트(Gustav Klimt), 〈에밀리 플뢰게〉
- 그림, 피테르 브뤼헐(Piter Brueghel the Elder), 〈장님들의 우화〉

## 갈 색

### 음양오행

주황색 + 검은색, 빨간색 + 초록색, 보라색 + 파란색, 파란색 + 주황색의 조합
이다. 화(火) 발달 + 토(土) 발달 + 수(水) 발달, 화(火) 발달 + 토(土) 발달 + 목
(木) 발달

### 색상의 특성

갈색은 대지, 비옥한 땅, 나무기둥, 커피와 같은 색이다. 평범하고 보편적이며
안정적이고 순수한 색이며, 머리가 총명하고 열성도 있는 색이다. 갈색은 고향
의 색, 대지의 색, 흙냄새가 나는 색이어서 순수함과 포용력이 공존하고, 한편
으로는 시골 풍경의 스산한 느낌도 있다.

### 색상의 연상

① 장점

성실한, 안정감 있는, 부드러운, 순수한, 소박한, 고상한, 완고한, 은밀한, 생각
이 깊은, 정보가 많은, 총명한, 저장하는, 배려적인, 포용하는

② 단점

민감한, 절망적인, 고독한, 칙칙한, 쉽게 살려는, 외로운, 쓸쓸한, 애정부족, 어
리석은

### ③ 연상되는 사물(주로 음식)

표고버섯, 호두, 도토리, 밤, 키위, 아보카도, 조개, 커피, 숭늉, 나무껍질, 구운 고기, 초콜릿

## 색상의 키워드
### ① 긍정적 키워드

신중, 생각, 정보, 총명, 수학, 수리, 회계, 경제, 금융, 창조, 창의, 문학, 상상

### ② 부정적 키워드

걱정, 고민, 슬픔, 불안, 부정, 불쾌, 의심, 중독, 고독

## 건강

심신을 안정시키고 화를 가라앉힌다. 감정을 조절하고 비뇨기계통 건강이 활성화된다.

## 화(火)·토(土)·수(水) 또는 화(火)·토(土)·목(木) 고립에 효과적인 작품

- 그림, 루카스 반 하셀(Lucas Van Gassel), 〈화가의 초상〉
- 그림, 귀도 레니(Guido Reni), 〈앉아 있는 화가〉
- 그림, 조슈아 레이놀즈(Joshua Reynolds), 〈갈색 옷을 입은 소년〉
- 그림, 장 프랑수아 사블레(Jean-Francois Çablet), 〈젊은 풍경 화가들〉
- 그림, 조지 롬니(George Romney), 〈갈색 로브를 입은 부인〉
- 그림, 빈센트 반 고흐(Vincent Van Gogh), 〈감자 먹는 사람들〉
- 그림, 후안 그리스(Juan Gris), 〈갈색 풍경〉

# 초록색

## 음양오행

파란색 + 노란색으로 목(木)과 토(土)의 조합이다. 목(木) 발달 + 토(土) 발달, 목
(木) 과다 + 토(土) 과다

## 색상의 특성

초록색(녹색)은 새싹이 돋아나는 초봄의 연두색부터 한여름 무성한 나뭇잎의
진초록색까지 자연의 시작과 자연의 무성함을 상징한다. 영국 소설가 제임스
메튜 배리(James Matthew Barrie)의 동화 속 주인공 '피터팬'은 어른이 되지 않
는 나라로 달아나 숲속에서 요정들과 살다가 모험을 한다. 영원한 어린이 피터
팬은 초록색 옷을 입고 있다.

　　　초록색은 시원하고 신선하며 상쾌하다. 또한 자연의 대표적인 색으로
치유, 치료, 위로, 안정, 평화, 휴식, 위안 등의 작용이 강하다. 새로운 출발, 새
로운 생명의 탄생, 순수함, 순진함, 배려심, 성장에 대한 욕구 등이 나타난다.
생명력이 강하고 향상심이 있으며 건강하다. 피곤함을 회복해주는 색상, 기분
을 안정시키고 안정감을 주는 색상이다.

　　　너무 강한 초록색이나 장기간 초록색에 노출되면 어둡고 우울하며 질
투심과 예민함, 극단적 관계, 심신허약 등의 특징이 나타나기도 한다.

## 색상의 연상

### ① 장점

생명, 비상구, 의료장비, 환경보호운동, 채소, 경작, 봄, 평화, 자연, 대지, 풍요,
번창, 젊음, 청년, 신선함, 동정, 배려, 희망, 개혁, 부흥, 부활, 화해, 위로, 봉
사, 고요함, 부드러움, 순수함, 균형, 성실, 솔직함, 도덕심, 예의바름, 상상력

풍부, 연민, 치료, 치유, 평온한, 희망적인, 안전한, 사리판단이 있는, 따뜻한, 사려 깊은, 조절하는, 온순한, 친절한, 자제하는, 신중한, 생각하는, 자신을 돌아보는, 성숙한, 타인을 돕는, 창조하는, 참을성 있는, 성장력이 있는, 위안을 주는, 안정적인, 지성적인, 확실한, 공평한, 중성적인, 아늑한, 억압에 대항하는

### ② 단점
질투, 경박함, 도덕적 타락, 반목, 재앙, 죽음, 유아적인, 무서움, 어두움, 경계함, 거부함, 미숙한, 완고한, 반항하는, 규율을 거부, 감정을 표현하지 않는

### ③ 연상되는 사물(주로 음식)
청포도, 멜론, 청사과, 개구리참외, 키위, 수박, 매실, 브로콜리, 양배추, 오이, 아보카도, 풋고추, 깻잎, 상추, 부추, 시금치, 녹차, 아스파라거스

## 색상의 키워드
### ① 긍정의 키워드
탄생, 새싹, 시작, 출발, 교육, 지식, 지혜, 정직, 정의, 배려, 사랑, 자비, 우정, 동정심, 믿음, 마음, 의지, 자유, 순결, 투명, 유연성, 성장, 신중, 신뢰, 책임, 촉감, 감각, 책임감, 하늘, 산소, 물, 천국, 명상, 순수, 순진, 상상력, 휴식, 진심, 진정성, 성실, 신비, 창조, 창의, 이상, 공동체, 공감, 경청, 관용, 포용, 청량, 청결, 평온, 평화, 초월, 소통, 대화, 표현, 생각

### ② 부정의 키워드
무계획, 철없는, 무분별, 경솔, 미숙, 건성, 우유부단, 집중력 부족, 도피, 회피, 낯가림, 냉담, 눈치, 우울, 슬픔, 무관심, 가벼운, 공허함, 자기애 부족, 구설수

## 건강

간기능과 뇌, 뼈를 자극하고 활성화시킨다. 교감신경계를 활성화시킨다.

## 목(木)·토(土) 고립에 효과적인 작품

- 그림, 폴 세잔(Paul Cezanne), 〈수욕도 시리즈〉, 〈에쿠스 근처의 큰 소나무〉, 〈생 빅투아르 산〉
- 그림, 요하네스 페르메이르(Johannes Vermeer), 〈진주 귀걸이를 한 소녀〉, 〈편지를 읽는 여인〉
- 그림, 구스타프 클림트(Gustav Klimt), 〈아델레 블로흐 바우어의 초상 Ⅱ〉
- 그림, 폴 고갱(Paul Gauguin), 〈녹색의 그리스도〉
- 그림, 엘스워스 켈리(Ellsworth Kelly), 〈빨간색, 파란색, 녹색〉
- 그림, 조르주 쇠라(Georges Seurat), 〈그랑드자트 섬의 일요일 오후〉

## 노란색

## 음양오행

1차색(원색). 토(土) 과다

## 색상의 특성

노란색은 본래 긍정적이고 낙천적이며 관계지향적이다. 기쁨, 이해심, 직관력, 통찰력을 지닌 색상이다. 평화롭고 즐거움과 기쁨을 불러오며 휴식을 안겨준다. 밝고 경쾌하고 가볍고 활발하고 지속성을 가져다준다. 절박한 상태, 정신적으로 극단적인 상태나 어려운 상태에 직면하여 벗어나고자 하는 결단의 시기, 결단의 상황을 맞이하고 있는 상태를 상징한다. 기쁨에 가득 찬 감정과 만족스러운 미래에 대한 기대감이 존재한다.

단, 노란색을 너무 과다하게 하거나 오랫동안 지속적으로 노출되면 게을러지거나 초조해져서 분열증세가 나타나기도 한다.

## 색상의 연상
### ① 장점
주의, 준비, 안전도, 중장비 차량, 태양, 빛, 밝음, 번창, 명랑, 쾌활, 적극적, 유쾌, 긍정적, 대인관계, 지혜로움, 숙성됨, 풍요로움, 보호, 전등, 조화, 온화, 기쁨, 솔직, 사람관계 무난, 외향적, 새로운 일에 관심, 왕권, 영광, 희망, 만남, 기대, 만족, 행복, 애교, 결단력이 있는, 의지력이 있는, 속이 깊은, 평화, 애정

### ② 단점
배신, 이중성, 다중성, 비겁함, 악담, 불순함, 속을 모름, 위험, 경고, 독성 표시, 겁쟁이, 편견, 파괴, 응석, 외로움, 무질서한, 고집이 센, 산만한, 질투하는, 경박한

### ③ 연상되는 사물(주로 음식)
바나나, 호박, 파프리카, 당근, 메밀, 치자, 참외, 병아리, 유치원, 개나리, 봄, 어린이, 해바라기, 나비

## 색상의 키워드
### ① 긍정적 키워드
표현력, 순발력, 관계성, 임기응변, 유머감각, 사회성, 사교성, 명랑, 낙천, 도약, 원기왕성, 평화, 야망, 끈기

## ② 부정적 키워드

경솔, 경박, 쾌락, 눈치, 질투, 모함, 실망, 배신, 비열, 기회주의, 거짓말, 허세, 과장

## 건강

위장, 비장, 비뇨기과, 산부인과 계통을 관장한다.

## 토(土) 고립에 효과적인 작품

- 그림, 빈센트 반 고흐(Vincent Van Gogh), 〈까마귀가 나는 보리밭〉, 〈해바라기〉, 〈침실〉, 〈가을〉
- 그림, 요하네스 페르메이르(Johannes Vermeer), 〈우유를 따르는 여인〉, 〈뚜쟁이〉, 〈여주인과 하녀〉
- 그림, 프레데릭 레이턴(Frederick Leighton), 〈금발의 소녀〉
- 그림, 브라이언 보메이슬러(Brian Bomeisler), 〈노란 십자가〉
- 영화, 클린트 이스트우드(Clint Eastwood) 감독, 〈매디슨 카운티의 다리〉

## 흰색

## 음양오행

금(金) 과다

## 색상의 특성

흰색은 순결함, 순수함, 투명함, 원칙, 완벽함의 색이다. 미래나 일이 흰색처럼 잘 계획되고 정돈된, 준비된, 계획된, 빈틈없는, 자신의 감정이 잘 드러난 상태를 말한다. 청결하고 하얀, 맑은, 티끌을 허용하지 않는 색이다.

## 색상의 연상

### ① 장점

청결, 위생, 병원, 위생복, 순진, 맑음, 순결, 종교, 회개, 정확, 성숙, 신중, 겸손, 단념, 회상, 단호, 완벽, 개혁, 혁명, 결단, 빛, 밝음, 선함, 신, 깨달음, 부활, 영적임, 지혜, 엄격함, 깨끗함, 명료함, 솔직함, 순수함, 절대적 자유, 긍정적, 투명성

### ② 단점

추움, 유령, 무각감, 차가움, 감정의 결여, 엄격함, 경직됨, 공허함, 절망감, 금욕적인, 흰눈, 무기력한, 고지식한, 고집이 센, 자기 아집이 강한, 집착하는, 결벽증이 있는

### ③ 연상되는 사물(주로 음식)

마늘, 버섯, 콩나물, 양파, 도라지, 브로콜리, 무, 감자, 바나나, 옥수수, 병원, 위생복

## 색상의 키워드

### ① 긍정적 키워드

눈, 흰구름, 가을, 낮, 백합, 금(金), 백야, 다이아몬드, 금속, 소금, 빛, 순결, 순수, 고상, 품격, 기품, 매력, 세련, 절제, 계획, 진리, 정의, 지혜, 정직, 결백, 공정성, 완벽, 결단, 통찰력, 현실적, 이성적, 명확, 명료, 숭고함, 청결, 정결

### ② 부정적 키워드

결벽, 독선, 독재, 아집, 고집, 비판, 무관심, 공포, 극단, 차가움, 자기중심, 이기적, 냉정, 냉담, 냉혹

## 건강

대장, 폐, 뼈, 자폐증, 공황장애 등을 관장한다.

## 금(金) 고립에 효과적인 작품·그림

- 제임스 애벗 맥닐 휘슬러(James Abbot McNeil Whistler),
  〈흰색의 교향곡 1번〉, 〈하얀 옷을 입은 소녀〉
- 그림, 모리스 유트릴로(Maurice Utrillo),
  1909~1912년 무렵의 〈백(白)의 시대 시리즈〉
- 그림, 파블로 피카소(Pablo Picasso), 〈게르니카(Guernica)〉
- 그림, 존 싱어 사전트(John Singer Sargent),
  〈프라스카티의 빌라 토를로니아 저택의 분수〉
- 그림, 피에트 몬드리안(Piet Mondrian), 〈국화〉
- 영화, 제임스 아이보리(James Ivory) 감독, 〈피카소〉
- 영화, 스티븐 스필버그(Steven Spielberg) 감독, 〈쉰들러 리스트〉

## 검은색

## 음양오행

빨간색 + 주황색 + 노란색 + 초록색 + 파란색 + 남색 + 보라색의 조합이다. 수
(水) 과다, 수(水) 발달

## 색상의 특성

검은색은 흰색의 반대색으로 빛이 없는 색이다. 밤처럼 캄캄하고 어둠을 상징
해 점잖음과 슬픔, 원대와 암흑, 중후와 사악, 금욕과 걱정, 신비와 추모 등 소
통되지 않을 듯한 상징성이 함께 공존하는 색이다. 조용하면서도 쓸쓸하기도

하고, 신중하면서도 걱정이 많은 색채이다.


## 색상의 연상
### ① 장점
담대함, 엄격함, 위엄 있음, 결단력, 장엄함, 신중함, 원대함, 인내력, 상상력, 창의력, 신비함, 정숙함, 금욕적임, 무의식, 조용함, 진지한, 겸손한, 지능이 높은, 생각이 많은, 수리력이 뛰어난, 생각이 깊은, 섬세한, 조심성


### ② 단점
불안함, 두려움, 캄캄함, 암흑, 죽음, 상복, 그림자, 지옥, 부정, 악마, 슬픔, 후회, 쓸쓸함, 걱정이 가득함, 금지됨, 무모함, 사후세계, 위축된, 근심이 많은, 공포심, 눈치를 보는, 자신감이 부족한, 예민한, 절망, 침묵하는, 억제하는, 압박하는


### ③ 연상되는 사물(주로 음식)
김, 미역, 포도, 산딸기, 버찌, 가지, 블루베리, 검은콩, 건포도, 자주색고구마, 아로니아, 상복, 지옥


## 색상의 키워드
### ① 긍정적 키워드
밤, 어둠, 음, 상상력, 창의력, 정보수집, 생각, 저장, 아이디어, 명상, 첨단기술, 탐구, 발견, 창작, 신앙, 신비, 잠재능력, 휴식, 수면, 안정, 회개, 엄중, 장엄, 고상, 침묵, 인내, 엄격, 진지, 신중, 미지의 세계, 내면세계, 잠재의식, 무의식, 신비주의

## ② 부정적 키워드

불평, 고민, 절망, 실망, 좌절, 슬픔, 비극, 위험, 위기, 분노, 반항, 배반, 반역, 반란, 불행, 불운, 불안, 혼란, 혼돈, 끝, 종말, 부정, 포기, 고독, 고립, 속임, 은닉, 감춤, 거짓, 은폐, 의심, 의혹, 음모, 음해, 흑심, 비관, 복종, 비밀, 신비, 심령

## 건강

비뇨기과 질환, 산부인과 질환, 우울증, 공황장애를 관장한다.

## 수(水) 고립에 효과적인 작품

• 그림, 제임스 애벗 맥닐 휘슬러(James Abbot McNeil Whistler), 〈회색과 검은색의 편곡 : 토머스 칼라일의 초상〉, 〈화가의 어머니(휘슬러의 어머니)〉
• 그림, 애드 라인하르트(Ad Reinhardt), 〈블랙 페인팅 시리즈〉
• 그림, 페테르 파울 루벤스(Peter Paul Rubens), 〈자화상〉
• 그림, 산치오 라파엘로(Sanzio Raffaello), 〈자화상〉, 〈빈도 알토비티〉

---

### 파란색

## 음양오행

1차색(원색). 목(木) 발달, 목(木) 과다

## 색상의 특성

많은 사람들이 좋아하는 색상이다. 상쾌하고 시원하며, 신비로움을 간직하고 있으며 창조성, 창의성, 명료성을 증가시키는 색이다. 심신의 안정감과 회복

력을 가져다주고 한편으로는 냉정함, 신비로움으로 표현되기도 한다. 파란색은 진실한, 희망적인, 긍적적인, 조화로운 자신의 감정을 쉽게 드러내지는 않지만, 내면에는 따뜻한 열정과 부드러운 배려와 성장의 기운이 담겨 있다. 멀리에서 보는 하늘, 정글, 바다와 같은 느낌으로 겉으로는 아주 조용하고 침착하며 안정적이어서 진정효과가 있다. 괴테(Johann Wolfgang von Goethe)는 『색채론』에서 "우리가 저 멀리 사라져가는 매력적인 사물을 잡고 싶은 것처럼 파란색을 보고 있으면 빠져들게 된다. 우리가 파란색에 매력을 느끼기 때문이 아니라 파란색이 우리를 끌어당기기 때문이다"라고 썼다.

하지만 너무 과도한 파란색은 우울감, 생각 없는 배려, 쓸데없는 헌신, 과도한 욕구 등이 나타날 수 있다.

## 색상의 연상
### ① 장점
바다, 하늘, 물, 봄, 신선함, 시원함, 동경, 초월성, 명랑함, 자상함, 낭만, 상쾌함, 차가움, 신비함, 내향적, 감수성이 예민함, 강력한 신념, 양심적, 행동 복장 신경씀, 재능, 창조성, 성장, 평화, 종교적인, 신성함, 여성성이 있는, 자비로운, 배려하는, 헌신적인, 의리, 순수한, 변함없는, 성장하는, 정직함, 모성애, 돌보는

### ② 단점
비현실적, 추상적, 냉정, 독단적, 자기 고집, 비상식적인 헌신, 우울한, 의무감에 시달리는, 긴장하는, 공상적인, 움츠리는, 고독, 불안, 내성적

### ③ 연상되는 사물(주로 음식)
수박, 드넓은 바다, 시원한 그늘, 맑게 갠 하늘

## 색상의 키워드

### ① 긍정적 키워드

봄, 아침, 청명함, 상쾌, 명랑, 신비, 차가움, 시원함, 고요한, 물, 바다, 강, 산, 하늘, 자비, 배려, 사랑, 자유, 평화, 여성성, 헌신, 의리, 순수, 모성, 정직

### ② 부정적 키워드

냉정, 독단, 우울, 고집, 비현실, 내성적, 고독

## 건강

간, 담(쓸개), 뼈, 여성질환을 관장한다.

## 목(木) 고립에 효과적인 작품

- 그림, 마르크 샤갈(Marc Chagall), 〈푸른 빛의 서커스〉, 〈에펠탑의 신랑신부〉
- 그림, 앙리 마티스(Henri Matisse), 〈이카루스〉, 〈플로네시아 바다〉
- 그림, 빈센트 반 고흐(Vincent Van Gogh), 〈별이 빛나는 밤에〉, 〈아를르의 포룸 광장의 카페테라스〉
- 그림, 요하네스 페르메이르(Johannes Vermeer), 〈진주 귀걸이를 한 소녀〉, 〈우유를 따르는 여인〉
- 그림, 장 오귀스트 도미니크 앵그르(Jean Auguste Dominique Ingres), 〈브로이 공작부인〉
- 그림, 파블로 피카소(Pablo Picasso) 〈기타 치는 노인〉
- 시, 노발리스(Novalis)의 〈푸른 꽃〉
- 영화, 뤽 베송(Luc Besson) 감독, 〈그랑 블루〉
- 음악, 조지 거슈윈(George Gershwin) 작곡, 〈랩소디 인 블루〉

# 회색

## 음양오행

검은색 + 흰색으로 수(水)와 금(金)의 조합이다. 수(水) 발달 + 금(金) 발달, 수(水) 과다 + 금(金) 과다

## 색상의 특성

회색은 저녁 무렵의 어슴푸레하고 아득한 느낌이다. 회색은 안정적이고 우유부단하며 열정이 부족하고 결단성이 부족하다. 매사에 차분하고 침착하며 하는 일에 대해 매력을 느끼지 못하고 불만이 있다. 아이디어, 기획력, 상상력, 수리력, 감수성이 뛰어나 음악, 문학, 컴퓨터, 공학 등의 방면에서 뛰어난 능력을 발휘하는 사람들이 많다. 승려, 신부, 수녀의 의상이 회색이다.

## 색상의 연상

### ① 장점

감성적, 상상력, 창의성, 고상한, 신중한, 성숙한, 차분한, 안정된, 회개하는, 중후한, 무게 있는, 엄숙한, 생각이 깊은, 나이가 들어가는, 원숙한

### ② 단점

우울, 축축함, 습기, 이중성, 불안, 슬픔, 꿍꿍이속, 모호함, 거짓말, 뒷조사, 비밀, 모사꾼, 기회주의, 험담, 원만하지 못한, 우중충한, 지루한, 피로한, 무관심, 애수에 찬, 무기력한, 흔들리는, 예민한, 단념하는, 불안한, 의기소침한, 후회하는, 소극적인, 쓸쓸한

### ③ 연상되는 사물

스님, 안개, 새벽, 신부, 수녀

## 색상의 키워드

### ① 긍정적 키워드

연구, 총명, 문학, 발명, 특허, 기술, 인내, 창의, 신비, 조용, 진지함, 수리능력, 지능, 섬세, 생각이 깊은, 조심성, 상상력

### ② 부정적 키워드

음흉, 이중적, 계산적, 지옥, 암흑, 죽음, 불안, 우울, 슬픔, 공포, 후회, 억제, 억압, 압박, 집착, 의처증, 의부증, 예민, 절망, 침묵, 눈치

## 건강

우울증, 불면증, 신경성 위장질환, 과민성 대장질환, 알레르기를 관장한다.

## 수(水)·금(金) 고립에 효과적인 작품

- 그림, 게르하르트 리히터(Gerhard Richter), 〈Abstraktes Bild 871-9〉
- 그림, 베르트 모리조(Berthe Morisot), 〈화장하는 여인〉
- 그림, 파블로 피카소(Pablo Picasso), 〈게르니카(Guernica)〉
- 그림, 피에트 몬드리안(Piet Mondrian), 〈회색선과 밝은 색 면의 구성〉
- 그림, 제임스 애벗 맥닐 휘슬러(James Abbot McNeil Whistler), 〈화가의 초상(자화상)〉
- 영화, 누널리 존슨(Nunnally Johnson) 감독, 〈회색 양복을 입은 사나이〉
- 재즈, 빌리 홀리데이(Billie Holiday), 〈바디 앤 소울(Body and soul)〉

## 자 주 색

### 음 양 오 행

빨간색 + 보라색(파란색 + 빨간색)으로 화(火)와 목(木)의 조합이다. 화(火) 과다 + 목(木) 발달

### 색 상 의 특 성

자주색은 신비롭고 환상적이며 여성적인 섬세함과 부드러움이 있다. 옴므파 탈적인 사랑과 애정, 도발적, 성적 이미지 등이 존재한다. 우아함과 섹시함이 함께하고 정열과 고통, 화려함과 품격이 공존한다. 감수성이 풍부하고 미적 센 스가 뛰어나며, 주변 사람들은 소화할 수 없는 자신만의 패션감각이 있다. 엘 레강스하고 개성이 강한 특별함이 존재하여 자신만의 생각과 행동으로 자신 만의 세계를 구축한다.

### 색 상 의 연 상

#### ① 장점

신비로움, 환상적, 섹시함, 우아함, 감상적, 사랑스런, 여성적, 섹슈얼함, 정력 적, 용감한, 영적인, 숭고한, 창의적인, 감수성이 있는, 감각적인, 고급스러운, 섬세한

#### ② 단점

도발적, 공상적, 몽환적, 조울증, 감정적인, 감정 기복이 큰, 조울증

#### ③ 연상되는 사물(주로 음식)

적양파, 가지, 적채, 블루베리, 포도, 자두, 건포도, 검은콩, 산딸기

## 색상의 키워드

### ① 긍정적 키워드

종교, 철학, 진리, 초현실, 극락, 우주, 최면, 심리, 지혜, 영감, 명상, 꿈, 신비, 불가사의, 고전, 역사, 여왕, 사제, 종교인, 전생, 초능력, 투시, 예시, 예지, 비전, 변화, 엄숙, 장엄, 승화, 초연, 초월, 환상, 성찰, 포용

### ② 부정적 키워드

죽음, 마취, 마약, 혼미, 혹세, 염세, 혼란, 혼돈, 고독, 독신, 마취, 환각

## 건강

고혈압, 심장, 혈관계통의 질환을 관장한다.

## 화(火)·목(木) 고립에 효과적인 작품

- 그림, 피테르 브뤼헬(Pieter Brueghel the Elder), 〈장님들의 우화〉
- 그림, 장 시메옹 샤르뎅(Jean-Siméon Chardin), 〈꽃병에 꽂힌 꽃〉
- 그림, 페테르 파울 루벤스(Peter Paul Rubens), 〈인동덩굴 그늘에서 부인 이사벨라 브란트와 함께 있는 화가의 자화상〉

## 남색

## 음양오행

파란색 + 보라색(파란색 + 빨간색) + 검은색으로 목(木), 화(火), 수(水)의 조합이다. 목(木) 과다 + 화(火) 발달 + 수(水) 발달, 목(木) 발달 + 화(火) 발달 + 수(水) 발달

## 색상의 특성

남색은 인간의 본성 중에서 인간다움과 창조능력, 직관력, 동화능력, 변화에 대한 대처능력, 성장욕구와 성장능력, 한편으로는 정신적 피로, 인간관계에 대한 집착과 상처, 성공이 없는 노력, 침체와 끊임없는 열정 등을 상징한다. 대기 만성형의 사람으로 반복적 실패를 경험으로 삼아서 새로운 성공으로 발전해 나가고, 침체되고 좌절된 상황이 더 높은 단계의 정신적 성숙과 발전을 만들어 가며, 힘든 과정도 손쉽게 해결해 나가는 능력을 발휘한다.

## 색상의 연상

### ① 장점

인간성, 배려, 열정, 창조성, 직관력, 적응능력, 동화능력, 대처능력, 성장능력, 극복, 성숙, 발전, 신비로움, 초능력, 통합, 통찰, 포용, 균형, 희생, 깊은 지식, 현모양처, 평화로운, 편안한, 인내하는, 신중한, 내성적인, 보수적인, 순종하는, 근면한, 합리적인

### ② 단점

침체, 좌절, 집착, 상처, 굴곡, 정신적 피로, 노력에 비해 성과 부족, 내면의 괴로움, 야심, 깊은 고민, 두려움이 있는, 우울증, 상실감이 있는, 혼돈스러운, 차가운

### ③ 연상되는 사물(주로 음식)

수박, 멜론

## 색상의 키워드

### ① 긍정적 키워드

성숙, 짙은 녹음, 숙성, 성장, 완숙, 무르익음, 극복, 직관, 신비, 농익은, 발전, 중후한, 신중한, 능숙한, 전문가, 노련한, 숙련된, 세련된, 통찰, 포용, 인내하는, 연구하는, 속깊은, 조절하는

### ② 부정적 키워드

속을 알 수 없는, 노회한, 사기꾼, 조울증, 양극성 정동장애, 충돌조절장애, 분노조절장애, 리플리증후군, 이중적, 양면적, 옴므파탈, 속을 모르는, 조정하는, 희롱하는, 성범죄

## 건강

간장, 담(쓸개), 뼈를 관장한다.

## 목(木)·화(火)·수(水) 고립에 효과적인 작품

- 그림, 마르크 샤갈(Marc Chagall), 〈파란 풍경 속의 여인〉
- 그림, 빈센트 반 고흐(Vincent Van Gogh), 〈별이 빛나는 밤에〉
- 그림, 에두아르 마네(Edouard Manet), 〈생라자르 역〉

# 황토색

## 음양오행

노란색 + 갈색으로 토(土) 발달 + 목(木) 발달 + 금(金) 발달 + 수(水) 발달

## 색상의 특성

매우 편안하고 안정감을 주면서 순수하고 부드럽고 정직한 색상이다. 풍요롭고 비옥함을 상징하며, 순응적이고 환경에 따라 대처하는 적응력이 뛰어나다. 믿음직스럽고 끈기가 있으며 겸손하고 중후한 타입이며, 은근하며 고집이 세고 말과 행동이 신중하다. 넓은 마음과 포용력으로 자신을 드러내지 않으며 일을 꾸준하게 밀고 나가는 능력이 있으나, 자칫 주변 상황에 쉽게 좌우되기도 한다.

## 색상의 연상

### ① 장점

자연스런, 편안한, 고집 있는, 끈기 있는, 안정감 있는, 순응적인, 평화로운, 여유 있는, 신중한, 판단력 있는, 적응력, 이해심, 풍요로운, 부드러운, 보수적, 은근한, 믿음직스러운, 포용력, 겸손함, 중용적인

### ② 단점

마음을 알 수 없는, 감추는, 포장하는, 집착, 거짓이 있는, 고집이 센, 회피하는, 과식하는, 무관심, 방만한, 책임감 없는, 소유욕

### ③ 연상되는 사물(주로 음식)

오렌지, 귤, 강황, 카레

## 색상의 키워드

### ① 긍정적 키워드

황토방, 황소, 고향, 농토, 부동산, 대지, 밭, 논, 은행, 사막, 풍요, 풍속, 명랑, 낙천적, 관계, 평화, 어울림

### ② 부정적 키워드

방만, 산만, 음흉, 고집

## 건강

조울증, 위장, 비뇨기 계통의 질환을 관장한다.

## 목(木)·토(土)·금(金)·수(水) 고립에 효과적인 작품

- 그림, 렘브란트(Rembrandt Harmensz. van Rijn), 〈야경〉, 〈목욕하는 여인〉
- 그림, 장 프랑수아 밀레(Jean-Francois Millet), 〈만종〉
- 그림, 폴 고갱(Paul Gauguin), 〈브르타뉴의 여인들〉
- 그림, 폴 세잔(Paul Cezanne), 〈수프 단지가 있는 정물〉

## 암갈색

## 음양오행

주황색 + 초록색(녹색) + 회색의 조합이다. 화(火) 발달 + 목(木) 발달 + 수(水) 발달 + 금(金) 발달

## 색상의 특성

나무, 가을, 특별함, 팝, 성숙, 중년이 생각나는 색채이다. 사물이나 상황을 신

중하게 받아들이고 침착하게 대처하는 타입이다. 복잡한 일도 충동적으로 대처하지 않고 질서정연하게 정리한다. 겉으로는 신중하고 의젓해 보여도 속으로는 생각이 많고 감정 기복이 커서 자칫 심신미약 상태가 나타나기도 한다. 책임감이 강해 맡은 일을 잘 처리하지만, 한편으로는 욕망이 커서 엉뚱한 곳에 투자하거나 일을 벌여서 극단적 상황에 빠지기도 한다.

## 색상의 연상
### ① 장점
정신력, 안정적, 안전한, 생각이 많은, 생활력이 강한, 헌신적인, 건실한, 신중한, 현실적인, 착실한, 성숙한, 특별함, 고급스러운, 재회하는, 재발견, 희소성, 편안함

### ② 단점
긴장하는, 소심한, 생각이 많은, 허황된, 일확천금을 꿈꾸는, 올드한, 빛이 바랜, 촌스러움, 낡은

### ③ 연상되는 사물(주로 음식)
키위

## 색상의 키워드
### ① 긍정적 키워드
탄생, 대자연, 대지, 땅, 뿌리, 근본, 기본, 현실, 실용, 안전, 노동, 농경, 산야, 삼림, 평야, 들판, 초원, 시골, 전원, 향토, 고향, 농장, 농촌, 보수, 민속, 친화, 관대, 관용, 수용, 포용, 보호, 순종, 순응, 적응, 내실, 견고, 끈기, 근면

## ② 부정적 키워드

집착, 구두쇠, 복종, 고리타분한 사람

## 건강

조울증, 우울증, 위장, 대장, 알레르기를 관장한다.

## 목(木)·화(火)·금(金)·수(水) 고립에 효과적인 작품

- 그림, 에곤 실레(Egon Schiele), 〈초상화〉
- 그림, 자크 루이 다비드(Jacques-Louis David), 〈레카미에 부인〉
- 그림, 에드워드 호퍼(Edward Hopper), 〈브라운스톤의 햇빛〉
- 그림, 앙리 드 툴루즈 로트렉(Henri de Toulouse Lautrec), 〈물랭 루즈에서〉

## 터키옥색

## 음양오행

초록색(녹색) + 파란색으로 목(木) 과다

## 색상의 특성

신비롭고 자연스러움과 편안함, 그리고 시원한 느낌을 주는 색이다. 고급스러우며 은은하고 부드러우며 여유롭다. 고귀한 품격과 자유에 대한 열망을 동시에 가지고 있는 색으로 타인에 대한 배려와 함께하고자 하는 화합정신이 있다. 따뜻한 품성과 인간애가 가득한 마음으로 세상을 바라보는 여유가 있으나 억압과 독재에 대한 거부반응이 강하고, 인간답지 않은 사람에 대한 저항과 배척이 매우 강하다.

## 색상의 연상

### ① 장점

깨끗함, 신비로운, 행복한, 시원한, 믿음직스러운, 순수함, 상쾌한, 긍정적인, 적응력, 자연스러움, 자유, 개성 있는, 희망적인, 숭고한, 진실한, 고급스러움, 부드러움, 편안함, 여유로운, 고귀한

### ② 단점

계획적이지 못한, 자유분방한, 나른한, 게으른, 적극적이지 않은

### ③ 연상되는 사물(주로 음식)

나물, 송편

## 색상의 키워드

### ① 긍정적 키워드

성장, 녹음, 활짝, 무르익음, 짙음, 숲속, 바다, 성숙, 자유, 성공, 평화, 품격, 고귀한, 헌신, 중심, 화합, 저항, 행동, 고급, 명예

### ② 부정적 키워드

고민, 고통, 집착, 망상, 사이비, 현혹, 유혹, 음란

## 건강

간, 담(쓸개), 뼈를 관장한다.

## 목(木)·토(土) 고립에 효과적인 작품

• 그림, 오딜롱 르동(Odilon Redon), 〈터키옥색 꽃병〉

- 그림, 김덕용, 〈관해음〉
- 그림, 신윤복, 〈미인도〉

## 황금색

**음양오행**

노란색 + 주황색으로 토(土) 과다 + 화(火) 발달

**색상의 특성**

여유 있고 긍정적이며 관대하다. 매사에 자신감이 있고 적극적이며, 누구와도 어울려 지내고자 하는 타입이다. 은근한 끈기와 고집, 그리고 결단력이 있다. 대인관계가 원만하고 자신의 속마음을 감추고 늘 미소 짓는 얼굴로 사람들을 대하고 장소와 사람을 가리지 않고 적극적으로 관계를 맺는다.

**색상의 연상**

① 장점

관대한, 여유 있는, 성공하는, 끈기 있는, 결단력, 긍정적인, 적극적인, 자신감, 에너지가 있는, 솔직한, 타인을 돕는, 이타심이 있는, 풍성한, 풍요로움, 원만한 관계, 자수성가하는, 화려한, 고급스러운, 귀중한, 소중한, 번영한, 부유한, 좋은, 상황이 좋음, 현실적인, 튼튼한, 단단한

② 단점

자만하는, 생색내는, 복잡한, 혼란, 방만함, 이기적인, 욕망이 큰, 재물을 탐하는, 물질적인

### ③ 연상되는 사물(주로 음식)

호박, 귤, 오렌지, 강황, 고구마, 카레

### 색상의 키워드

#### ① 긍정적 키워드

중앙, 가운데, 환절기, 새참, 태양, 궁궐, 왕궁, 안방, 시청, 중심, 재물, 황금, 명예, 우월, 행복, 리더십, 지도자, 대장, 왕, 황제, 성공, 완성, 풍요, 대통령, 대권, 평화, 심장, 집중, 부귀영화, 권위, 권력, 엘리트, 유명한, 성공한, 관계, 어울림

#### ② 부정적 키워드

지옥, 무시, 억압, 강압, 방만, 산만, 복잡

### 건강

대장, 항문, 위장, 피부를 관장한다.

### 토(土)·화(火) 고립에 효과적인 작품

- 그림, 프리덴슈라이히 훈데르트바서(Friedensreich Hundertwasser), 〈나의 자아는 아직 그것을 모른다〉, 〈노란 집들 – 질투〉
- 그림, 구스타프 클림트(Gustav Klimt), 〈기다림〉, 〈아델레 블로흐 바우어의 초상 Ⅰ〉, 〈유디트〉, 〈생명의 나무〉

# 은색

## 음양오행

금(金) 과다 + 수(水) 발달

## 색상의 특성

가족애가 많고 여성적이며 모성애가 강한 매력을 가지고 있다. 자기와 가까운 사람에게는 따뜻하고 자상한 사람이며 정직하고 순수한 사람이다. 겉으로는 차갑게 보이지만 따뜻한 마음을 가지고 있으며, 정도 많고 감수성도 풍부하다. 예민한 감수성으로 작은 일에 상처를 받기도 하고, 감정 기복이 심하다. 자기 가족이나 가까운 사람 외에는 냉철하고 이기적이어서 꼰대 소리를 듣기도 한다. 사람들과 어울리고 관계를 맺기보다는 가족 중심주의, 친구 중심주의에 빠지는 기질이 강하다.

## 색상의 연상

### ① 장점

성숙한, 연로한, 풍부한, 모성애, 여성적인, 수집하는, 정보력이 뛰어난, 쌓아 두는, 감수성이 풍부한, 순진한, 매력 있는, 머리가 좋은, 총명한, 충성하는, 순수한, 부드러운, 보호하는, 환상적인, 포괄적인, 진실한, 우아한, 정직한, 깨끗한, 지적인

### ② 단점

보수적인, 양면적인, 이중적인, 기복이 심한, 고집이 센, 이기적인, 쉽게 상처받는, 예민한, 걱정하는, 날카로운, 예리한

### ③ 연상되는 사물(주로 음식)

갈치, 은어, 귤

## 색상의 키워드

### ① 긍정적 키워드

유물, 유적, 사찰, 묘지, 오래된, 깊은, 숙성된, 노숙한, 영감이 있는, 성찰, 감성, 관조, 직관, 영혼, 사제, 스님, 신부, 수녀, 골동품, 족보, 통찰, 지하, 도시, 안개, 아득함, 추억, 과거, 어른, 굴뚝, 장독대, 바위, 물고기, 버섯, 진주

### ② 부정적 키워드

우울, 고지식, 변덕, 미세먼지, 폐렴

## 건강

노인 질병, 치매, 산업재해, 산부인과, 부인과 기관을 관장한다.

## 금(金)·수(水) 고립에 효과적인 작품

- 그림, 추사 김정희, 〈세한도〉
- 그림, 에드가 드가(Edgar De Gas), 〈파리 오페라 극장의 발레〉
- 무위당 장일순의 서예 작품
- 동양의 서예 작품, 수묵화

# 진갈색(구리색)

## 음양오행

목(木) 발달 + 화(火) 발달 + 수(水) 발달

## 색상의 특성

개방적인 성격으로 쾌활하고 적극적이고 열정이 넘친다. 인정이 많고 사교적
이고 개방적이며 유쾌한 성격이다. 반복적이거나 단조로운 일에는 금방 싫증
을 내고 새로운 것에 호기심이 강하다. 융통성이 있어 자신의 감정을 쉽게 드
러내고 타인과 소통도 쉽게 하는 관계성이 있다.

## 색상의 연상

### ① 장점

융통성이 있는, 소통되는, 전달하는, 역마가 있는, 교류하는, 교감하는, 편안
한, 안전한, 활발한, 고집스러운, 행동하는, 열정이 있는, 뜨거운, 개방적인,
사교적인, 유쾌한, 움직이는, 인정이 많은, 대화하는, 주도적인, 적극적인, 상
냥한

### ② 단점

감정 기복이 있는, 단조로운, 싫증을 느끼는, 단순한, 즉흥적인, 자기 주장이
강한, 욱하는

③ 연상되는 사물(주로 음식)

고구마, 칡, 보리굴비

**색상의 키워드**

① 긍정적 키워드

신사, 학사, 연구, 신중, 품위, 품격, 고집, 생각 , 연구원, 교수, 교사, 전문가, 권위, 무게, 저녁, 어둠, 권력

② 부정적 키워드

독선, 고집, 꼴통, 불통, 암흑, 불안, 부정, 고민, 비밀, 의심, 자만심, 현혹

**건강**

감전, 화상, 기력부진, 자폐증을 관장한다.

**목(木)·화(火)·수(水) 고립에 효과적인 작품**

- 그림, 한스 멤링(Hans Memling), 〈남자의 초상화 시리즈〉
- 그림, 파블로 피카소(Pablo Picasso), 〈기타 치는 노인〉
- 그림, 페테르 파울 루벤스(Peter Paul Rubens), 〈비너스와 큐피드〉, 〈솔로몬의 재판〉

# 무지개색

## 음양오행

목(木) + 화(火) + 토(土) + 금(金) + 수(水)의 고른 조합

## 색상의 특성

신비로운 기운이 담겨 있으며 희망을 가져다주고 기쁨과 행복을 주는 색이다. 행운의 색으로 남녀노소 즐거움과 행운을, 그리고 아름다움을 가져다준다. 다재다능한 재주와 매력적인 사람으로 포용력과 사교성으로 인정도 많고 감각도 뛰어나며 유쾌하다. 단지 산만하고 복잡한 관계와 일처리 방식으로 집중력과 끈기가 부족한 것이 단점이다.

## 색상의 연상

### ① 장점

매혹적인, 다재다능한, 행복한, 행운이 있는, 포용력이 있는, 극복한, 센스가 있는, 감수성이 뛰어난, 적응력이 좋은, 포용력이 있는, 상승하는, 해결되는, 회복되는, 희망이 있는, 화려함, 조화로운, 은총이 있는, 평화로운

### ② 단점

집중력이 부족한, 산만한, 복잡한

### ③ 연상되는 사물(주로 음식)

다양한 음식 모두

## 색상의 키워드

### ① 긍정적 키워드

무지개, 다양, 화려, 행복, 섹시, 꿈, 혼합, 복잡, 사랑, 열광, 열기, 불꽃놀이, 컬러, 군중, 유행, 마술, 연예, 화가, 발명가, 과학자, 변신, 개척가, 임기응변, 모험가, 다문화, 개성, 축제, 공연, 경연, 결혼, 패션, 연극, 영화

### ② 부정적 키워드

복잡한, 뒤죽박죽, 야단법석, 분열, 산만, 이합집산, 현혹, 산란, 혼전, 갈등, 광란, 난동, 번개, 폭발, 변덕, 허풍, 몽상, 부화뇌동, 바람둥이, 정신이상, 환각, 감정기복, 불안정

## 건강

성병, 간, 알코올중독, 중독(마약 · 쇼핑 · 게임 등), 과식을 관장한다.

## 목(木) · 화(火) · 토(土) · 금(金) · 수(水)가 모두 고립일 때 효과적인 작품

- 그림, 페테르 파울 루벤스(Peter Paul Rubens), 〈무지개가 있는 풍경〉
- 그림, 윌리엄 터너(Joseph Mallord William Turner), 〈무지개〉, 〈애런 강 위의 아룬델 성과 무지개〉
- 그림, 프레데릭 에드윈 처치(Frederic Edwin Church), 〈열대의 장마철〉, 〈나이아가라 폭포〉
- 그림, 이반 아이바조프스키(Ivan Konstantinovich Aivazovsky), 〈무지개〉
- 그림, 바실리 칸딘스키(Wassily Kandinsky), 〈코사크인〉
- 그림, 조르주 쇠라(Georges Seurat), 〈무지개 – '아스니에르에서의 물놀이'를 위한 습작〉
- 그림, 장 프랑수아 밀레(Jean-Francois Millet), 〈봄〉
- 그림, 피터 도이그(Peter Doig), 〈컨트리록〉, 〈고속도로〉

**2**

**색상의 궁합**

지금까지의 궁합은 좋은 궁합과 나쁜 궁합 두 종류밖에 없었다. 다음은 궁합을 보러 가면 흔히 듣는 이야기였다.

"원진살이 있어 나빠."
"충살이 있어 상대를 잡아먹는 궁합이야."
"합이 있으니 결혼하면 잘살거야."
"궁합이 좋으니까 결혼하면 좋아."
"궁합이 좋으니까 동업하면 좋아."
"궁합이 나쁘니까 절대 결혼하지 마."
"궁합이 나쁘니까 동업하면 망해."

기존의 궁합법에서는 좋다 나쁘다를 말했다. 그러나 궁합이란 두 사람 사이의 이해이다. 즉, 좋다 나쁘다를 따지는 게 아니라 서로간의 장단점을 분석하여 장점을 살려주고 단점을 보완해가며 이해하는 것이 궁합이다.

　　사주명리학에서 남녀 궁합, 부모자녀 궁합, 동업자 간의 궁합은 사주
팔자에 나타난 오행, 육친, 신살을 분석하여 각자의 사주에 강하게 나타나는
성향을 찾아내고, 이를 상대방과의 관계 속에서 장점은 살려주고 단점은 이해
하는 것이다. 서로 다른 것이 반드시 나쁜 것이 아님을 이해시키는 것이 궁합
이다.

　　그렇다면, 사주에 강하게 나타나는 성향이란 무엇일까? 태과다 오행이
있으면 태과다의 성격 특성이 나타나고, 태과다가 없고 과다 오행이 있으면 과
다의 성격 특성이 나타난다. 태과다 오행과 과다 오행이 없으면 일간 오행과
발달 오행의 성격 특성이 나타난다. 이와 같이 궁합은 과다한 오행을 중심으로
분석해야 한다. 이제부터 설명하는 색상 궁합에서 각각의 색은 가장 먼저 태과
다, 그 다음으로 과다, 마지막으로 발달과 일간의 순서로 결정된다.

## 빨간색

### 빨간색 + 빨간색

힘과 열정, 정열과 에너지가 넘쳐나는 색상 조합이다. 힘이 넘쳐 외향적이고
행동적이며 활기찬 조합으로 새로운 모험, 새로운 도전, 새로운 시도, 새로운
변화를 즐기고 자신의 생각을 적극적으로 드러내 표현하는 커플이다. 뜨거운
열정이 항상 잠재되어 있어서 새로운 일에 도전도 잘하지만, 자신의 감정을 절
제하지 못하고 폭발하는 경향도 있어 다툼과 갈등을 부르기도 한다.

## 빨간색 + 주황색

활기차고 생동감이 있으며 톡톡 튀는 발랄함과 애교스러움이 가득한 색상 조합이다. 밝고 명랑하며 주변 사람들을 의식하지 않고 감정을 적극적으로 표현하는 커플이다. 서로 대화가 잘되고 웃음이 끊이지 않으며, 생동감과 활기가 넘치고 명랑한 분위기가 있다. 각자 대인관계의 폭이 넓어 타인과 대화와 관계가 이어지기 때문에 두 사람만의 대화나 만남의 시간이 부족하다.

## 빨간색 + 노란색

명랑하고 활기차고 원기왕성하며 에너지가 넘치는 색상 조합이다. 한 사람은 열정과 활기와 에너지가, 한 사람은 명랑과 쾌활함과 밝음이 존재하는 색채 커플로 만나면 대화가 끊이지 않고 명랑한 분위기가 고조된다. 빨간색 남자는 사람들과 어울리고 관계 맺기를 좋아하며 즐겁고 쾌락적인 관계를 만들어가고, 노란색 여자는 애교 있고 명랑하며 사람들과 대화 나누기를 좋아한다. 하지만 서로 폭넓은 인간관계를 갖고 있어서 두 사람만의 대화가 줄어들기 시작한다.

## 빨간색 + 초록색

열정적이고 활동적인 에너지와 청명하고 시원시원함이 넘치는 색상 조합이다. 여유롭고 적극적이며 관대하고 친절함이 넘치며 서로 생각과 행동을 조화롭게 주고받는 긍정적이고 희망적인 에너지를 방출하는 색상 조합이다. 빨간색의 열정을 가진 활동적인 남자와 배려적이고 따뜻함이 가득한 초록색 여자의 만남은 서로 소통이 잘되고 대화가 잘 이루어지는 커플의 조합이다. 다만 빨간색 남자가 자기 감정을 너무 쉽게 드러내며 버럭 화를 내기 때문에 초록색 여자는 감정의 상처를 받게 되고 토라지는 상황이 반복된다.

---

### 빨간색 + 파란색

열정과 모험의 색상, 그리고 감성적이고 배려하는 색상이 대비되는 조합이다. 열정과 배려, 모험과 성장의 색상으로서 서로의 능력을 강화시키고 배가시키는 에너지가 함께한다. 자신의 감정을 감추지 않고 드러내고 표현하는 빨간색과 타인에 대한 배려와 사랑으로 자신의 감정을 쉽게 드러내지 않는 파란색의 조합인데, 빨간색이 자신의 감정과 생각을 조금 줄이고 파란색이 타인의 감정과 생각에 우선하지 않고 자신의 감정과 생각을 적극적으로 표현한다면 환상의 궁합이 될 수 있다.

---

### 빨간색 + 보라색

열정과 모험의 색상, 그리고 감성과 특별함이 존재하는 색상의 조합이다. 행동과 언어로 표현하고 자신의 감정을 드러내는 빨간색, 그리고 감수성과 패션 코드로 자신의 감정을 드러내는 보라색은 강력한 에너지가 서로를 자극하고 강화시키는 작용을 한다. 각자가 가지고 있는 특별함과 표현력이 관계를 강화시키기도 하지만, 서로를 공격하고 상처주는 상황도 발생할 수 있는 색상 조합이다. 따라서 상대의 감정과 생각을 존중해주는 습관을 기르는 것이 두 사람의 관계를 긍정적으로 변화시키는 지름길임을 명심해야 한다.

---

### 빨간색 + 흰색

자신의 생각과 감정을 언어로 표현하는 열정적이고 행동하는 빨간색, 그리고 세상의 일들은 자신의 생각과 감정대로 이루어져야 하는 흰색의 조합으로 각자의 색깔이 뚜렷하다. 빨간색은 자신의 감정과 생각을 신중하게 표현하지 않고 즉흥적으로 드러낸다. 흰색은 자신의 감정과 생각을 계획하고 구조화하여 완벽하게 분석한 후 드러내는 타입이다. 빨간색이 강압하는 단점이 있다면, 흰색은 비판하는 단점이 있다. 또한 빨간색이 뒤끝 없이 금방 풀어버리는 장점이 있다면, 흰색은 해결할 때 끝까지 마무리하는 장점이 있다.

---

### 빨간색 + 검은색

---

자신의 생각과 감정을 겉으로 표현하는 빨간색과 자신의 생각과 감정을 속으로 저장하는 검은색의 만남, 행동하고 모험하는 빨간색과 신중하게 검토하고 망설이는 검은색의 만남은 각자 색깔이 뚜렷하면서도 정반대의 조화를 이루는 색상이다. 겉으로 드러나 있는 관계로서 빨간색은 적극적으로 자신의 의사 표현을 하는 반면, 검은색은 참고 인내하는 타입이다. 서로 무난하게 보이지만 너무 과도한 빨간색은 자기 위주로 대화를 이끌고, 너무 과도한 검은색은 불만을 끝까지 드러내지 않고 계속 저장한다. 빨간색 입장에서는 속을 알 수 없는 검은색이 답답하고, 검은색 입장에서는 자기 감정을 조절하지 못하고 상대를 무시하는 듯한 빨간색이 막무가내처럼 느껴지는 색상 조합이다.

---

## 주황색

---

### 주황색 + 주황색

---

원기왕성하고 에너지가 넘치며 쾌활하고 적극적이며 여름 같은 활기가 넘쳐나는 색상 조합이다. 사교적이고 낙천적이며 에너지가 넘치는 주황색(오렌지

색)과 주황색의 만남은 서로 쉽게 의사소통이 되고 쌓아두는 감정 없이 모두 소통하는 색상이다. 다만, 자신의 감정과 생각을 너무 쉽게 드러내기 때문에 상대에게 상처를 주기도 하고 말실수를 하기도 한다. 조금은 절제하고 자제하는 언어습관을 가져야 서로 갈등과 다툼을 줄여 나갈 수 있다.

## 주 황 색 + 빨 간 색

사교적이고 유머감각이 뛰어나며 활기찬 주황색, 그리고 열정과 활동성, 표현력이 뛰어난 빨간색의 만남으로 서로 감추는 것 없이 소통하고 대화하는 색상의 조합이다. 둘 다 사교적이고 대인관계가 넓어 함께 취미생활을 한다면 아주 좋은 관계를 유지할 수 있다. 하지만 각자 친구, 선후배, 모임에 관심을 기울이면 두 사람만의 대화와 소통의 시간이 현저하게 줄어들 수 있다.

## 주 황 색 + 노 란 색

명랑하고 유쾌한 주황색과 밝고 활기찬 노란색의 만남은 언제나 햇살처럼 해맑고 밝고 유쾌함이 넘쳐나는 색상의 조합이다. 빨간색과 노란색의 결합으로 주황색이 나왔다. 그래서 빨간색의 강렬함은 줄어들고 노란색의 낙관적이고 관계적인 특징 또한 줄어들어 그 중간 형태인 밝고 유쾌하고 어울림에 관심이 있는 색상이다.

## 주 황 색 + 초 록 색

태양의 열정, 강렬함, 담대함을 가진 따뜻하고 편안한 주황색, 그리고 자연, 봄, 젊음, 균형, 배려, 생명, 환경의 색인 초록색의 만남은 이색적이면서 다른 듯 조화로운 색상의 조합이다. 자연의 열정, 담대함, 강렬함 그리고 자연의 순수함, 초봄에 새롭게 시작하는 젊음의 만남, 자연의 열정과 새싹의 돋아남이 '자연'이라는 공통분모로 만나 조화를 이끌어내고 있다. 둘 다 자연에 대한 동경, 자연에 대한 순화가 함께하는 순수성, 자연성을 가진 색상의 조합이다.

## 주 황 색  +  파 란 색

정열과 열정이 있고 자연처럼 투명하며 자연스럽고 담대하며 모험적이고 환상적인 주황색, 그리고 깊고 짙은 바다, 넓고 높은 하늘에서 보이는 파란색의 만남은 정열의 자연과 모호하고 신비로운 자연의 만남을 의미하는 조합이다. 10년마다 인간세상에서 유행하는 주황색, 그리고 인간세상 어디에서나 볼 수 있는 색이자 괴테가 『색채론』에서 매력적인 무(無)의 색이라고 했을 만큼 바다처럼 고요하고 하늘처럼 드넓은 순수한 파란색의 만남이다. 이 또한 자연과 자연의 만남이기 때문에 순수성만 잘 간직한다면 서로 소통과 사랑이 넘쳐나는 색상 조합이다.

## 주 황 색  +  보 라 색

주황색은 활기차고 담대한 에너지와 초가을의 햇살을 닮은 색이며, 자연의 따뜻하고 편안함이 가득한 색상이다. 보라색은 부드러움과 가여움, 죽음과 슬픔, 기쁨과 을씨년스러움이 함께하는 색상이다. 주황색의 활기와 담대함 그리고 감정 기복과 변화가 심한 보라색의 만남은 전혀 어울리지 않을 듯 보인다. 하지만 주황색 입장에서는 보라색의 감정 기복이 호기심과 색다른 모험심을 일으키고, 보라색 입장에서는 주황색의 활기차고 열정적인 모습이 보라색의 우울함과 혼란스러운 감정을 안정시켜주는 역할을 한다.

## 주황색 + 흰색

주황색은 활기차고 여유롭고 명랑하며 자유로운 성향의 색상이다. 흰색은 절대성과 극단성을 가지고 있다. 엄격하고 완벽을 꿈꾸며 경직되어 있다. 또한 결벽증과 무관심의 성향을 가진 색상이다. 주황색과 흰색의 만남은 활기차고 자유로운 성향과 엄격하고 완벽한 성향의 만남이기 때문에 성격이나 성향을 보면 정반대의 느낌이 있다. 주황색은 자기 표현의 성향이 강한 편이고 흰색은 자기 감정을 억제하고 절제하는 성향이 강한 편이어서 서로의 단점을 보완하고 장점을 살려주는 특징이 있다. 하지만 열정과 자유로움을 추구하는 주황색 입장에서는 정해진 틀 안에서 자기의 룰에 따라 움직이길 강요하는 흰색이 답답해 보일 것이고, 자신의 생각과 감정과 틀이 구체화, 계획화된 흰색 입장에서는 주황색의 열정과 자유로움이 자칫 방만해 보일 수도 있는 색상 조합이다.


## 주황색 + 검은색

주황색은 활기차고 열정이 넘치며 개방적이고 솔직한 성향의 색상이다. 검은색은 밤, 어둠, 죽음, 슬픔, 우울을 상징하고, 깜깜한 동굴이나 심해처럼 무슨 생각을 하고 어떤 감정을 가지고 있는지 분석하기 어려운 성향의 색상이다. 자기 생각을 솔직하게 드러내고 표현하기 좋아하며 활기차고 에너지가 솟아나는 주황색과, 자신을 드러내는 것이 어색하고 두려우며 자신의 생각이나 감정을 모두 보여줄 때 안전하지 않을 것이라고 생각하는 검은색은 서로의 궁합이 어긋나는 조합이다. 다만, 남성이 주황색이고 여성이 검은색일 때는 나름대로 어울리는 조합이다.

# 노 란 색

## 노 란 색 + 노 란 색

유쾌하고 활발하며 밝은 모습으로 사람들과 관계를 이끌어 나가며, 명랑하고 쾌활하고 적극적이며 순간판단력이 뛰어난 색상의 조합이다. 부드럽고 붙임성 있고 따뜻함이 있는 색상끼리의 만남이라 대화 코드가 서로 잘 통한다. 누구와도 친분을 유지하기를 바라기 때문에 대인관계가 매우 폭넓다. 하지만 가족과 같은 구성원이나 가족이 아닌 사람들을 구분하지 않고 비슷한 관계성을 유지하기 때문에 구성원들 사이에서 서운한 감정이 생기기도 한다.

## 노 란 색 + 빨 간 색

쾌활하고 명랑하며 대인관계가 원만한 노란색, 그리고 열정과 활동력과 표현력이 뛰어난 빨간색의 색상 조합이다. 은근한 고집과 끈기, 사람들과의 관계에 적극적인 노란색과, 자기 표현이 적극적이고 활동적이면서도 마음 깊은 곳에는 외로움이 존재하는 빨간색의 만남은 겉보기에는 소통과 대화가 잘 이루어지는 듯 보인다. 다만, 각자의 활동영역이 넓기 때문에 서로 좀 더 배려하지 않으면 화합하기 힘들고, 자기가 하고 싶은 일이나 만나고 싶은 사람들에 몰입하여 각자 허전함을 느끼게 된다.

## 노 란 색 + 주 황 색

활발하고 명랑하며 긍정적인 노란색과 따뜻하고 이해심이 깊고 원기왕성한 주황색의 조합이다. 붙임성이 있고 명랑하고 밝으면서 부드럽고 따뜻하고 희망적인 색상인 노란색, 그리고 생동감 있고 유쾌하며 사회성과 대인관계가 좋고 순간대처능력과 적응력이 뛰어난 주황색의 조합은 주변에서 보았을 때 활기차고 조화로운 조합으로 생각된다. 다만, 둘 다 관심받고 싶어하고 은근한 고집이 있어서 이기적이고 경박스러운 모습이 보일 수도 있다. 자신의 감정을 모두 드러내기보다 상대의 감정을 헤아리는 연습을 하면 아주 좋은 색상 조합이라고 할 수 있다.

---

### 노란색 + 초록색

명랑하고 쾌활하며 희망적이고 부드럽고 따뜻하며 생동감 있는 노란색, 그리고 배려하고 자제하며 겸손하고 사려 깊게 행동하는 초록색의 조합이다. 노란색과 초록색의 만남은 적당하게 행동적이고 신중하게 생각하고 신중하게 행동한다. 적극적이며 명랑하고 쾌활하며 대인관계가 원만하고 희망적이며 긍정적인 색상인 노란색과, 겸손하고 배려하며 인간애가 강하고 평화와 복지에 관심이 크고 타인에게 따뜻한 관심을 기울이며 인내력이 있고 상상력과 창의력이 뛰어나며 온화하고 따뜻한 심성을 가진 초록색의 만남이다. 노란색과 초록색이 만나면 노란색의 성향이 줄어든다. 그 결과 대인관계가 무조건적 수용에서 자제와 냉정, 질투심으로 확장된다.

---

### 노란색 + 파란색

밝고 명랑하며 명쾌하고 발랄하며 희망적인 노란색, 그리고 배려 깊고 이타심이 있고 인간중심적이며 자비롭고 헌신적이며 의리가 있는 파란색의 조합이다. 노란색은 분위기를 쾌활하게 만들고 명랑하고 유쾌하다. 또한 독창적으로 생각할 줄 알며 색다른 아이디어가 뛰어난 색상이다. 파란색은 자연의 색으로 안정감이 있으며 여유롭고 차분하여 감정 조절이 뛰어나다. 또한 평화로운 에너지가 강하며 수용력이 뛰어나고 자비심이 있으며, 헌신적이고 정직하며 이상적인 인본주의에 관심이 크다.

## 노란색 + 보라색

밝고 자유로우며 고집과 야망이 있는 노란색, 그리고 신비롭고 섬세하며 다재다능하고 감수성과 감각이 발달되어 있고 애정에 대한 욕구가 강한 보라색의 조합이다. 노란색은 우호적이고 지혜롭고 따뜻한 한편, 야망이 있고 끈기와 고집이 센 색상이다. 보라색은 빨간색과 파란색이 혼합된 색으로, 감정을 발산하고 표출하는 빨간색과 감정을 자제하고 조절하는 파란색의 이중성을 가지고 있다. 직관적이며 감각적이고 외향적이며 내향적이다. 특별하고 섬세하며, 고상하며 치밀하고, 따뜻함과 차가움, 열정과 이성의 양면성을 가진 색상이다.

## 노란색 + 흰색

생동감 있고 에너지가 넘치며 가볍고 밝고 부드럽고 따뜻한 노란색, 그리고 순수하고 깔끔하고 확실하고 깨끗하고 차가운 흰색의 조합이다. 밝고 명랑하고 유쾌하고 적극적인 남자, 그리고 계획적이고 깔끔하며 자신을 절제하는 능력이 뛰어난 여자의 만남은 관리능력이 부족한 남자의 단점을 여자가 빈틈없이 관리해주고 계획해주는 장점이 있다. 다만, 흰색 입장에서 보면 노란색이 방만하고 자기 절제가 부족해 보이고, 노란색 입장에서는 너무 깐깐하고 고집스러운 흰색이 답답하게 느껴질 수 있다.

재기발랄하고 낙천적이며 유머감각이 뛰어난 노란색, 그리고 진지하고 생각
이 많은 한편 실천력이 부족하고 신중하며 겸손한 검은색의 만남이다. 노란색
이 은근한 끈기와 고집이 있으며 발랄하고 활발한 관계를 이끌어간다면, 검은
색은 생각이 많고 아이디어와 창의성이 뛰어나며 주변 사람들에 대해 경계하
거나 의존하는 타입으로서 겸손과 두려움, 배려와 의존, 그리고 자기 감정을
억압하고 자제하는 색상이다. 노란색이 겉으로 활발하게 표현하면서 자기 감
정을 드러내지 않고 있다면, 검은색은 조용하고 얌전하면서 자기 감정을 드러
내지 않고 감추는 조합이다. 서로를 배려하는 것은 좋지만, 감정 속에 감추어
진 것들이 드러나면 엄청난 갈등과 사건사고가 생기기도 한다.

## 초 록 색

### 초록색 + 초록색

초록색(녹색)은 타인에 대한 관심이 크고 이타적이어서 배려심이 깊고 인간적
이며, 평화주의자이자 창조와 치유에 대한 관심이 큰 색상이다. 인격이 성숙하
고 스스로 내면을 돌보는 자제력이 뛰어나며, 자기 반성을 통해 새롭게 변해가
는 능력이 있다. 자신의 감정을 쉽게 표현하지 않으며, 때로는 엄격하고 때로
는 한없이 부드러운 성품을 가지고 있는 색상이다. 자존감이 강하고 상대를 너
무 많이 인식하고 의식하기 때문에 피곤과 스트레스가 쌓이기도 한다. 참을성
이 있고 자기 절제능력도 있으며, 친절하여 끊임없이 남들을 도와주려고 하고
상상력도 풍부하고 아이디어도 획기적이다.

## 초록색 + 빨간색

열정적이고 활동적이며 청명하고 시원시원한 색상의 조합이다. 여유롭고 적극적이며 관대하고 친절하며 서로 생각과 행동을 조화롭게 주고받는 긍정적이고 희망적인 에너지를 방출하는 색상의 조합이다. 열정적이고 활동적인 빨간색 남자와 배려적이고 따뜻함이 가득한 초록색 여자의 만남은 서로 소통이 잘되고 대화가 잘 이루어지는 커플의 조합이다. 다만 빨간색 남자가 자기 감정을 너무 쉽게 드러내며 버럭 화를 내기 때문에 초록색 여자는 감정의 상처를 받게 되고 토라지는 상황이 반복된다.

## 초록색 + 주황색

태양의 열정, 강렬함, 담대함과 따뜻하고 편안함을 가진 주황색, 그리고 자연, 봄, 젊음, 균형, 배려, 생명, 환경의 색인 초록색의 만남은 이색적이면서 다른 듯 조화로운 색상의 조합이다. 자연의 열정과 담대함과 강렬함, 그리고 자연의 순수함과 초봄에 새롭게 시작하는 젊음의 만남, 자연의 열정과 새싹의 돋아남이 '자연'이라는 공통분모로 만나 조화를 이끌어내고 있다. 둘 다 자연에 대한 동경, 자연에 대한 순화가 함께하는 순수성, 자연성을 품고 있는 색상 조합이다.

## 초록색 + 노란색

명랑하고 쾌활하며 희망적이고 부드럽고 따뜻하며 생동감 있는 노란색과 배려하고 자제하며 겸손하고 사려 깊게 행동하는 초록색의 조합이다. 초록색과 노란색의 만남은 신중하게 생각하고 신중하게 행동한다. 적극적이며 명랑하고 쾌활하며 대인관계가 원만하고 희망적이며 긍정적인 노란색과, 겸손하고 배려하며 인간애가 강하고 평화와 복지에 관심이 크고 타인에게 따뜻한 관심을 가지며 인내력이 있고 상상력과 창의력이 뛰어나고 온화하고 따뜻한 심성을 가진 초록색의 만남이다. 초록색과 노란색이 만나면 노란색의 성향이 줄어들어서 대인관계가 무조건적 수용에서 자제와 냉정, 질투심으로 확장된다.

## 초 록 색  +  파 란 색

자신의 감정을 쉽게 드러내지 않고 조절하며 사려 깊게 행동하고 균형감과 조화로움을 만들어가면서 둥글둥글한 모습으로 안전한 세상과 자유로운 세상을 꿈꾸며 살아가는 초록색, 그리고 헌신적이고 자비로우며 의리가 있고 이지적이며 이상적인 인본주의와 자유세상을 꿈꾸는 파란색의 조합이다. 타인에 대한 한없는 자비와 사랑, 타인을 돕고자 하는 이타심, 신중하게 생각하고 타인을 배려하는 행동, 창의성과 창조성 등 초록색과 파란색은 작은 차이만 존재할 뿐, 대체적으로 비슷한 특징을 가지고 있는 색상이다. 둘 다 자연의 색으로 하늘과 땅, 산과 들과 바다, 강에서 만날 수 있는 색이다.

## 초 록 색  +  보 라 색

자연의 색으로 성장과 봄, 새로운 시작을 알리며, 상대를 인정하고 배려하며 평화와 화목함을 깨지 않으면서 자유로움을 얻으려는 색상인 초록색과, 신비롭고 기이하며 감정의 색채가 다양하며 특별한 상상력과 특이한 생각으로 별종으로 불리는 보라색의 조합이다. 따뜻하고 친절하며 배려하는 마음, 더불어 상대를 성장시키고 싶은 멘토의 마음을 가지고 있는 초록색이 보라색의 특별하고 신묘한 기질과 재능을 살려줄 수 있다면 환상적인 조합이 될 수 있다. 다만, 너무 강력한 변화와 너무 복잡다단한 특별함을 가진 보라색이라면, 주변 사람들의 시선을 의식하는 초록색 입장에서는 부담이 갈 수도 있다.

## 초록색 + 흰색

친절하고 자상하고 따뜻한 심성으로 타인을 돌보고 성장시키는 데 앞장서며 자신의 감정을 조절할 줄 아는 온순하면서 성숙한 감정을 가진 초록색, 그리고 자기중심적이고 완벽주의자이며 비판적이고 구조화적인 흰색의 조합이다. 자유와 변화를 추구하고 윈윈(win-win)하는 성장을 목표로 사람과의 관계를 이끌어가면서 자신의 감정을 함부로 표현하지 않는 초록색과, 현재를 고집하고 지키려고 하며 자신이 하고자 하는 것에 대한 고집과 집착이 있는 흰색은 서로 단점을 보완하는 관계이다. 그러면서도 코드가 달라 답답하게 생각되고 상처를 주게 되는 색상의 조합이다.

## 초록색 + 검은색

희망적으로 세상을 바라보며 서로 도와가면서 살아가는 이상을 꿈꾸고 안전하고 온화하며 행복한 삶을 꿈꾸는 초록색, 그리고 생각이 많고 아이디어가 반짝이며 창의력이 다양하고 수리능력이 발달한 검은색의 조합이다. 초록색은 자유로운 생각을 가지고 최대한 자유롭게 성장할 수 있도록 간섭하지 않고 지켜보는 타입이다. 생각도 많고 걱정도 많으며 안전에 대한 두려움이 강한 검은색은 초록색이 편안한 상대임을 인정하면서도, 확실하게 표현하지 않고 우유부단한 느낌이 있는 초록색에 대한 두려움이 크다.

## 파 란 색

### 파 란 색  +  파 란 색

자비로우며 따뜻한 어머니 같은 여성성, 조건 없이 주는 헌신적인 사랑을 가진 조합이다. 또 평화와 안정을 추구하고 직관력이 뛰어나며 지혜로운 사고와 행동으로 이상적인 삶과 세상을 꿈꾸는 색상의 조합이다. 비교적 긍정적이고 희망적인 사고방식을 가지고 있고, 감정조절 능력이 탁월하고 심리적으로 평화롭고 안정적인 삶을 유지하면서도 성장하는 능력도 발휘하고 싶어하는 색상 조합이다. 통찰력이 뛰어나며 지혜롭고 자비롭게 주변을 이끌어가며 이타심을 가지고 타인을 성장시키려고 도와주면서 자유로운 삶을 유지하는 인본주의자, 성직자 같은 따뜻함을 가진 멘토의 기질이 함께하는 색상이다.

### 파 란 색  +  빨 간 색

열정과 모험의 색상과 배려적이고 감성적인 색상이 대비되는 조합이다. 열정과 배려, 모험과 성장의 색상으로서 서로의 능력을 강화시키고 배가시키는 에너지가 함께하는 색상 조합이다. 자신의 감정을 감추지 않고 표현하는 빨간색과, 타인에 대한 배려와 사랑으로 자신의 감정을 쉽게 드러내지 않는 파란색의 조합이다. 빨간색이 자신의 감정과 생각을 조금만 줄이고 파란색이 타인의 감정과 생각을 우선하지 않고 자신의 감정과 생각을 적극적으로 표현한다면 환상의 궁합이 될 수 있다.

## 파란색 + 주황색

정열과 열정의 색, 자연처럼 투명하고 자연스러운 색, 담대하고 모험적이며 환상적인 인상을 주는 주황색, 그리고 깊고 짙은 바다, 넓고 높은 하늘에서 보이는 파란색의 만남은 정열의 자연과 모호하고 신비로운 자연이 만나는 색상 조합이다. 10년마다 인간세상에서 유행하는 주황색, 그리고 인간세상 어디에서나 볼 수 있는 색이자 괴테가 『색채론』에서 매력적인 무(無)의 색이라고 했을 만큼 바다처럼 고요하고 하늘처럼 드넓은 순수한 파란색의 만남이다. 이 또한 자연과 자연의 만남이기 때문에 순수성만 잘 간직한다면 서로 소통과 사랑이 넘쳐나는 색상 조합이다.

## 파란색 + 노란색

배려 깊고 자비로우며 이타적이고 인간중심적이며 헌신적이고 의리가 있는 파란색, 그리고 밝고 명랑하며 명쾌하고 발랄하고 희망적인 노란색의 조합이다. 노란색은 분위기를 쾌활하게 만들고 독창적인 사고력을 가지고 있으며 색다른 아이디어가 뛰어난 색상이다. 파란색은 자연의 색으로 안정감이 있고 여유롭고 차분하여 감정 조절이 뛰어나고, 평화로운 에너지가 강하고 수용력이 뛰어나며, 이상적인 인본주의에 관심이 큰 색상이다.

## 파란색 + 초록색

자신의 감정을 쉽게 드러내지 않고 잘 조절하며 사려 깊게 행동하고, 균형감을 갖고 둥글둥글한 모습으로 안전한 세상과 자유로운 세상을 꿈꾸며 살아가는 초록색, 그리고 헌신적이고 자비로우며 의리가 있고 이지적이며 이상적인 인본주의와 자유세상을 꿈꾸는 파란색의 조합이다. 타인에 대한 한없는 자비와 사랑, 타인을 돕고자 하는 이타심, 신중하게 생각하고 타인을 배려하는 행동, 창의성과 창조성 등 초록색과 파란색은 작은 차이만 존재할 뿐, 대체적으로 비슷한 특징을 가지고 있는 색상이다. 둘 다 자연의 색으로 하늘과 땅, 산과 들과 바다, 강에서 만날 수 있는 색이다.

---

### 파란색 + 보라색

사색의 폭이 넓고 깊으며 자신의 감정을 억제하고 심리적 안정감을 유지하면서 자신과 주변 사람들을 성장시키려는 파란색, 그리고 창의적인 사고와 뛰어난 직관력, 섬세함이 있으며 신비롭고 독특한 자기만의 세계에 빠져드는 보라색의 조합이다. 배려적이면서 타인의 성장을 돕는 이타심이 강한 파란색과 자신만의 특별한 재능을 가지고 있어 사람들의 주목을 끄는 보라색이 서로 조화를 잘 맞추어 만난다면 매우 잘 어울리는 색상 조합이 될 것이다.

---

### 파란색 + 흰색

직관력이 뛰어나고 헌신적이며 배려적인 가치관을 갖고 있고 따뜻하고 부드러운 감정과 표현으로 꾸준하게 성장해 나가는 파란색, 그리고 자기 중심이 확고하고 생각과 행동이 확실히 일치해야 하며 계획적으로 미래를 분석해 나가는 흰색의 조합이다. 자유로운 생각과 사고, 헌신적이고 배려적인 인품의 소유자인 파란색과, 계획적이고 구조화적이어서 시뮬레이션이 완성된 것처럼 구체적이어야 하는 흰색은 정반대의 성향으로 느껴진다. 사람 중심형인 파란색과 일 중심형인 흰색은 서로의 단점을 보완하여 균형을 잡아주는 장점이 있다. 하지만 한쪽은 상대가 너무 꼼꼼하고 계획적이라고 생각하고 한쪽은 상대가 구체적이지 않다고 생각하기 때문에 스트레스가 발생하는 조합이다.

## 파란색 + 검은색

긍정적이고 밝은 성격이면서 자신의 불만을 스스로 조절하는 차분한 파란색과 생각이 많고 신중하며 감정 기복이 크고 환경에 대한 두려움과 근심, 그리고 감정의 혼란을 억제하는 검은색의 조합이다. 배려하면서도 자신의 감정을 다스리는 파란색, 그리고 두려움과 근심과 생각이 복잡하지만 감정을 다스리려고 노력하는 검은색은 서로 배려하는 성품이 닮았다. 끊임없이 도움을 주고자 하면서 스스로 성장하는 것을 권장하며 자유를 주는 파란색과, 누군가가 자신을 이끌어주며 든든한 버팀목이 되어주길 바라는 검은색은 장단점이 존재하는 색상 조합이다.

## 보라색

## 보라색 + 보라색

매혹적이고 고혹적이면서 고상하고 섬세하며, 신비롭고 기이한 재능, 예술성과 천재성, 특이성이 잠재되어 있는 색상의 조합이다. 보라색과 보라색의 만남은 섬세함과 섬세함의 만남, 고혹적인 매력과 고혹적인 매력의 만남, 특별하고 특이함의 만남이기 때문에 자기 감정을 자제하거나 어느 순간 독특한 방법으로 자신을 드러내기도 하고, 따뜻함과 차가움이 동시에 존재하고 불안함과 안정감이 공존하는 색상이다. 자신만의 세계와 자신만의 특별한 영감을 가지고 살아가는 타입으로 요가, 귀농, 음악, 화가 등 자신만의 생각을 실천해 나가는 색상이다.

열정과 모험의 색상, 그리고 감성적이고 특별함이 존재하는 색상의 조합이다. 행동과 언어로 자신의 감정을 드러내는 빨간색, 그리고 감수성과 패션코드로 자신의 감정을 드러내는 보라색은 강력한 에너지가 서로를 자극하고 강화시키는 작용을 한다. 각자가 가지고 있는 특별함과 표현력이 서로를 강화시키기도 하지만 서로를 공격하고 상처주는 상황도 발생할 수 있는 색상 조합이다. 상대의 감정과 생각을 존중해주는 습관을 기르는 것이 두 사람의 관계를 긍정적으로 변화시키는 지름길임을 명심해야 한다.

보라색은 부드러움과 가여움, 죽음과 슬픔, 기쁨과 을씨년스러움이 함께하는 색상이다. 주황색은 활기차고 담대한 에너지, 초가을 햇살을 닮은 자연의 따뜻하고 편안함이 가득한 색상이다. 활기차고 담대한 주황색과 감정 기복이 심한 보라색의 만남은 서로 전혀 어울리지 않을 듯하면서도 장점이 있다. 주황색 입장에서는 보라색의 감정 기복이 호기심과 색다른 모험심을 불러일으키고, 보라색 입장에서는 주황색의 활기차고 열정적인 모습이 보라색의 우울함과 혼란스런 감정을 안정감 있게 만들어주는 역할을 한다.

밝고 자유롭고 고집과 야망이 있는 노란색, 그리고 섬세하고 신비롭고 다재다능하며 감수성과 감각이 발달되어 있고 애정에 대한 욕구가 강한 보라색의 조합이다. 노란색은 우호적이고 지혜롭고 따뜻하지만 한편으로는 야망이 있고 끈기와 고집이 센 색상이다. 보라색은 빨간색과 파란색이 혼합된 색으로, 감정을 발산하고 표출하는 빨간색과 감정을 자제하고 다스리는 파란색의 이중성을 가지고 있다. 직관적이며 감각적이고 외향적이며 내향적이다. 또한 특별하고 섬세하며, 고상하며 치밀하고, 따뜻함과 차가움, 열정과 이성의 양면적 기질을 가진 색상이다.

---

### 보라색 + 초록색

자연의 색으로서 성장과 봄을 알리고 새로운 시작을 알리는 색, 또한 상대를 인정하고 배려하며 평화와 화목함을 깨지 않으면서 자유로움을 얻으려는 색상인 초록색과, 신비롭고 기이하며 감정의 색채가 다양하고 특별한 상상력과 특이한 생각으로 별종으로 불리는 보라색의 조합이다. 따뜻한 마음, 친절한 마음, 배려의 마음과 더불어 상대를 성장시키고 싶은 멘토의 마음을 가지고 있는 초록색이 보라색의 특별하고 신묘한 기질과 재능을 살려줄 수 있다면 환상적인 조합이 될 수 있다. 다만, 너무 강력한 변화와 너무 복잡다단한 특별함이 존재하는 보라색이라면, 주변 사람들의 시선을 의식하는 초록색 입장에서는 부담이 갈 수 있는 조합이다.

---

### 보라색 + 파란색

창의적인 사고와 뛰어난 직관력, 섬세함이 있으며, 신비롭고 독특한 자기만의 세계에 빠져드는 보라색, 그리고 사색의 폭이 넓고 깊으며 자신의 감정을 억제하고 심리적 안정감을 유지하면서 자신과 주변 사람들을 성장시키려는 파란색의 조합이다. 배려적이면서 타인의 성장을 돕는 이타심이 강한 파란색과 자신만의 특별한 재능을 가지고 있어 사람들의 주목을 끄는 보라색이 서로 조화를 잘 맞추어 만난다면 매우 잘 어울리는 색상 조합이다.

<br>

| 보라색 + 흰색 |
|:---:|

지능이 뛰어나고 재주와 재능이 독특하며 응용력이 뛰어난 보라색, 그리고 구조화와 계획성이 뛰어나고 자기가 하고자 하는 것을 꼭 해내려는 고집 센 흰색의 조합이다. 감정 기복이 심하고 변화가 다채로우며 이성과 열정 사이를 수없이 왕래하고 감정 표출도 불규칙적이고 신비로운 보라색과, 자기 감정을 최대한 절제하고 타인에 대한 비판정신이 확고하며 계획이나 구조화되어 있지 않은 상태를 용서하지 않는 흰색의 만남은 전혀 다른 성격의 만남이다. 둘 사이에 절대 건널 수 없는 다리가 존재하는 색상 조합이다.

<br>

| 보라색 + 검은색 |
|:---:|

끊임없이 새로운 변화와 꿈과 영감을 가지고 현실, 환상, 감정의 기저에 흐르는 혼돈과 우울과 혼돈스러운 감정상태를 예술이나 기술이나 생활 속에 고귀하게 승화시키는 독특하고 신비로운 보라색, 그리고 생각이 많고 아이디어가 다양하고 창의성이 뛰어나며 자신만의 감정과 생각을 다채롭게 담아두고 있는 검은색의 조합이다. 보라색의 신비롭고 특이한 모험심에는 안정감을 추구하고 안전성을 요구하는 검은색이 두려워할 만한 요소가 많이 존재한다. 보라색은 꾸준히 변화와 혼돈을 즐기는 반면, 검은색은 재미있고 흥미로운 일에 관심이 크면서도 안정감과 안전성을 요구하는 색상이다. 감정 깊은 곳에 있는 우울은 비슷하지만 서로 조화롭게 끌고 가기에는 거리가 존재하는 색상 조합이다.

# 흰색

## 흰색 + 흰색

흰색은 자기 통제와 자기 절제를 통해서 기품 있고 고귀한 모습을 보여주며, 주변에 자신의 흐트러진 모습을 보여주지 않을 정도로 깔끔하고 곧은 의지를 가지고 있다. 또한 고집이 세고 자신이 하고자 하는 일은 반드시 해내고야 마는 완고한 성품이다. 이들은 깔끔과 깔끔, 고집과 고집이 만나 일처리나 생활면에서 빈틈 없이 처리하지만, 자칫 한번 어긋나면 엄청난 고집으로 화해가 불가능한 색상 조합이기도 하다. 가능하면 과거를 되돌아보며 거울로 삼아 현재를 존중하는데, 한번 아니라고 판단하면 엄청난 변화를 추구하기도 한다. 내성적이며 고집이 세고 폐쇄적이며 공정하고 주관이 뚜렷한 색상이다.

## 흰색 + 빨간색

자신의 생각과 감정을 언어로 표현하는 열정적이고 행동하는 빨간색, 그리고 세상의 일들은 자신의 생각과 감정대로 이루어져야 하는 흰색의 결합으로 자신들의 색깔이 뚜렷한 조합의 색상이다. 빨간색은 자신의 감정과 생각을 즉흥적으로 드러내는 색상이다. 흰색은 자신의 감정과 생각을 계획하고 구조화시켜 완벽하게 분석한 후 드러내는 색상이다. 빨간색이 강압하는 단점이 있다면 흰색은 비판하는 단점이 있고, 빨간색이 뒤끝 없이 금방 풀어버리는 장점이 있다면 흰색은 해결할 때 끝까지 마무리하는 장점이 있다.

## 흰색 + 주황색

주황색은 활기차고 여유 있고 명랑하며 자유로운 성향의 색상이다. 흰색은 절대성과 극단성을 가지고 있으며, 엄격하고 완벽을 꿈꾸며 경직되어 있는 성향이다. 또한 결벽증과 무관심의 성향을 가지고 있는 색상이다. 주황색과 흰색의 만남은 활기차고 자유로운 성향과 엄격하고 완벽한 성향의 만남이기에 정반대의 느낌이 있다. 주황색은 자기 표현의 성향이 강한 편이고 흰색은 자기 감정을 억제하고 절제하는 성향이 강한 편이라 서로의 단점을 보강하고 장점을 살려주는 특징이 있다. 하지만 열정과 자유로움을 추구하는 주황색 입장에서는 틀 안에서 자기 룰을 정해서 움직이길 강요하는 흰색이 답답해 보일 것이고, 자신의 생각과 감정과 틀이 구체화, 계획화되어 있는 흰색 입장에서는 주황색의 열정과 자유로움이 자칫 방만해 보일 수도 있다.

## 흰색 + 노란색

생동감 있고 에너지가 넘치며 가볍고 밝고 부드럽고 따뜻한 색상인 노란색, 그리고 순수하고 깔끔하고 확실하고 깨끗하고 차가운 색상인 흰색의 조합이다. 밝고 명랑하고 유쾌하고 적극적인 남자와 계획적이고 깔끔하며 자기절제력이 뛰어난 여자의 만남은 관리능력이 부족한 남자의 단점을 여자가 빈틈없이 관리해주고 계획해주는 장점이 있다. 다만, 흰색 입장에서는 노란색이 방만하고 자기 절제가 부족해 보이며, 노란색 입장에서는 너무 깐깐하고 고집스러운 흰색 때문에 답답함을 느낄 수 있다.

## 흰색 + 초록색

친절하고 자상하며 따뜻한 심성으로 타인을 돌보고 성장시키는 데 앞장서고 자신의 감정을 다스릴 줄 알며 온순하면서 성숙한 마음을 가진 초록색, 그리고 자기중심적이고 완벽주의자적이며 비판적이며 구조화적인 흰색의 조합이다. 자유와 새로운 변화를 추구하고 윈윈(win-win)하는 성장을 목표로 사람과의 관계를 이끌어가면서 자신의 감정을 함부로 표현하지 않는 초록색과, 현재를 고집하고 지키려 하며 자신이 하는 일에 대한 고집과 집착이 있는 흰색은 서로의 단점을 보완하는 관계이다. 하지만 한편으로는 코드가 달라 답답하게 생각하고 상처를 주게 되는 색상 조합이다.

## 흰색 + 파란색

직관력이 뛰어나고 헌신적이며 배려하는 가치관을 가지고 따뜻하고 부드럽게 감정을 표현하며, 꾸준하게 성장하는 파란색, 그리고 자기 중심이 확고하고 생각과 행동이 확실히 일치해야 하며 계획적으로 미래를 분석해 나가는 흰색의 조합이다. 자유로운 생각과 사고, 헌신적이고 배려적인 인품을 가진 파란색과 계획적이고 구조화적이어서 시뮬레이션이 완성된 것처럼 구체적이어야 하는 흰색은 정반대의 성향이라는 느낌이 강하다. 사람 중심형인 파란색과 일 중심형인 흰색은 서로의 단점을 보완하여 균형을 잡아주는 장점이 있다. 하지만 한쪽은 상대가 너무 꼼꼼하고 계획적이라고 생각하고 한쪽은 상대가 구체적이지 않다고 생각하기 때문에 스트레스가 발생하는 조합이다.

## 흰색 + 보라색

지능이 뛰어나고 재주와 재능이 독특하며 응용력이 뛰어난 보라색, 그리고 구조화와 계획성이 뛰어나고 자기가 하고자 하는 것을 꼭 해내는 고집 센 흰색의 조합이다. 감정 기복이 심하고 변화가 다채롭고 이성과 열정 사이를 수없이 왕래하며 감정 표출이 불규칙적이고 신비로운 보라색과, 자기 감정을 최대한 절제하고 타인에 대한 비판정신이 확고하며 계획이나 구조화되어 있지 않은 상태를 용서하지 않는 흰색의 만남은 전혀 다른 성격의 만남으로서 둘 사이에 절대 건널 수 없는 다리가 존재하는 색상 조합이다.

## 흰색 + 검은색

자기 절제력이 뛰어나고 계획적이고 구조적이며 완벽을 추구하는 흰색, 그리고 생각이 많고 의존적이며 조직에 충성하고 자기 절제력이 뛰어난 검은색의 조합이다. 흰색이 깔끔하고 깨끗하며 순수하고 정직하며 구조화한 다음에 계획을 실행해 나가는 타입이라면, 검은색은 생각이 많고 복잡한 생각과 아이디어를 가지고 있으면서 다양한 방법으로 접근하는 타입이다. 계획적이고 단계적인 흰색과 복잡하고 다양한 상상력과 아이디어를 가지고 움직이는 검은색은 내향적인 면은 비슷하지만, 일을 진행시키는 방법이나 사람과의 관계를 이끌어가는 방법은 전혀 다른 색상 조합이다.

## 검은색

### 검은색 + 검은색

겸손과 억제, 의존과 집착 등이 있으며 생각이 많고 창의성이 뛰어나며 아이디어가 다양하여 작가적 창의성, 예술적 감수성, 음악적 재능 등 다양한 재능을 가진 색상 조합이다. 매우 신중하고 겸손하고 진중하면서 꿈과 야망 그리고 상상력이 풍부하여 하고 싶은 일은 많지만 쉽게 도전하지 못하고 생각에 머무르는 경우가 많다. 책상 앞에서 상상력과 아이디어로 일하는 컴퓨터나 SNS 관련 업무나 창작이 주인 작곡, 작사, 시나리오, 소설 등의 작가에 매우 적합한 색상이다. 다만, 서로 자신의 감정을 드러내지 않고 걱정하고 감추고 있다. 검은색과 검은색은 대화를 나누고 있지만 서로의 솔직한 감정 교류는 이루어지지 않는 단점이 있는 조합이다.

### 검은색 + 빨간색

자신의 생각과 감정을 겉으로 표현하는 빨간색, 그리고 자신의 생각과 감정을 속으로 저장하는 검은색의 만남이다. 행동하고 모험하는 빨간색과 신중하게 검토하고 망설이는 검은색의 만남은 자신들의 색깔이 뚜렷하면서도 정반대의 조화를 이루는 색상이다. 겉으로 드러나는 관계로 빨간색 남자는 적극적으로 자신의 의사 표현을 하는 타입이고, 검은색 여자는 참고 인내하는 타입이라서 서로 무난해 보인다. 하지만 너무 과도한 빨간색은 자기 위주로 대화를 이끌고, 너무 과도한 검은색은 불만을 겉으로 드러내지 않고 계속 저장한다. 빨간색은 속을 알 수 없는 검은색이 답답하고, 검은색은 감정을 조절하지 못하고 상대를 무시하는 듯한 빨간색이 막무가내로 느껴지는 색상 조합이다.

## 검은색 + 주황색

주황색은 활기차고 열정이 넘치며 개방적이고 솔직한 성향의 색상이다. 검은색은 밤, 어두움, 죽음, 슬픔, 우울을 상징하고 한없이 깜깜한 동굴이나 심해처럼 무슨 생각을 하고 어떤 감정을 가지고 있는지 분석하기 어려운 성향의 색상이다. 자기 생각을 솔직하게 드러내고 표현하기 좋아하며 활기차고 에너지가 솟아나는 주황색과, 자신을 드러내는 것이 어색하고 두려우며 자신의 생각이나 감정을 모두 보여줄 때 안전하지 않을 것이라고 생각하는 검은색은 서로의 궁합이 어긋나는 조합이다. 다만, 남성이 주황색이고 여성이 검은색일 때는 나름대로 어울리는 조합이다.

## 검은색 + 노란색

재기발랄하고 낙천적이며 유머감각이 뛰어난 노란색, 그리고 진지하고 생각이 많고 실천력이 부족하고 신중하며 겸손한 검은색의 만남이다. 노란색이 은근한 끈기와 고집이 있으며 발랄하고 활발한 관계를 이끌어간다면, 검은색은 생각이 많고 아이디어와 창의성이 뛰어나며 주변 사람들에 대해 경계하거나 의존하는 타입으로서 겸손과 두려움, 배려와 의존이 함께하고 자기 감정을 억압하고 자제하는 색상이다. 노란색이 겉으로 활발하게 표현하면서 자기 감정을 드러내지 않고 있다면, 검은색은 조용하고 얌전하면서 자기 감정을 드러내지 않고 감추는 조합이다. 서로를 배려하는 것은 좋지만, 감정 속에 감추어진 것들이 드러나면 엄청난 갈등과 사건사고가 생기기도 한다.

## 검은색 + 초록색

희망적으로 세상을 바라보며 서로 도와가면서 살아가는 이상을 꿈꾸고 안전하고 온화하며 행복한 삶을 꿈꾸는 초록색, 그리고 생각이 많고 아이디어가 반짝이며 창의력이 다양하고 수리능력이 발달한 검은색의 조합이다. 초록색은 자유로운 생각을 가지고 최대한 자유롭게 성장할 수 있도록 간섭하지 않고 지켜보는 타입이다. 생각도 많고 걱정도 많으며 안전에 대한 두려움이 강한 검은색은 초록색이 편안한 상대임을 인정하면서도 확실하게 표현하지 않고 우유부단한 느낌이 있는 초록색에 대한 두려움이 크다.

## 검은색 + 파란색

긍정적이고 밝은 성격이면서 자신의 불만을 스스로 다스리는 차분한 파란색, 그리고 생각이 많고 신중하며 감정 기복이 크고 환경에 대한 두려움과 근심, 감정의 혼란을 억제하는 검은색의 조합이다. 배려하면서도 자신의 감정을 다스리는 파란색, 그리고 두려움과 근심과 생각이 복잡하지만 감정을 다스리려고 노력하는 검은색은 서로 배려하는 성품이 닮았다. 끊임없이 도움을 주고자 하면서 스스로 성장하는 것을 권장하며 자유를 주는 파란색과, 누군가가 자신을 이끌어주며 든든한 버팀목이 되어주길 바라는 검은색은 장단점이 존재하는 색상 조합이다.

## 검은색 + 보라색

끊임없이 새로운 변화와 꿈과 영감을 가지고 현실, 환상, 감정의 기저에 흐르는 혼돈과 우울과 혼돈스러운 감정상태를 예술이나 기술이나 생활 속에 고귀하게 승화시키는 독특하고 신비로운 보라색, 그리고 생각이 많고 아이디어가 다양하고 창의성이 뛰어나며 자신만의 감정과 생각을 다채롭게 담아두고 있는 검은색의 조합이다. 보라색의 신비롭고 특이한 모험심에는 안정감을 추구하고 안전성을 요구하는 검은색이 두려워할 만한 요소가 많이 존재한다. 보라색은 꾸준히 변화와 혼돈을 즐기는 반면, 검은색은 재미있고 흥미로운 일에 관심이 크면서도 안정감과 안전성을 요구하는 색상이다. 감정 깊은 곳에 있는 우울은 비슷하지만 서로 조화롭게 끌고 가기에는 거리가 존재하는 색상 조합이다.

## 검은색 + 흰색

자기 절제력이 뛰어나고 계획적이고 구조적이며 완벽을 추구하는 흰색, 그리고 생각이 많고 의존적이며 조직에 충성하고 자기 절제력이 뛰어난 검은색의 조합이다. 흰색이 깔끔하고 깨끗하며 순수하고 정직하며 구조화한 다음에 계획을 실행해 나가는 타입이라면, 검은색은 생각이 많고 복잡한 생각과 아이디어를 가지고 있으면서 다양한 방법으로 접근하는 타입이다. 계획적이고 단계적인 흰색과 복잡하고 다양한 상상력과 아이디어를 가지고 움직이는 검은색은 내향적인 면은 비슷하지만 일을 진행시키는 방법, 사람과의 관계를 이끌어 가는 방법은 전혀 다른 색상 조합이다.

# 화성에서 온 남자 금성에서 온 여자

"화성에서 온 남자와 금성에서 온 여자는 전혀 다른 환경에서 자랐고 전혀 다른 사고방식과 행동양태를 가진다. 따라서 화성 남자와 금성 여자가 사랑하고 함께 살아가기 위해서는 이러한 차이를 인정하고 존중하는 것만이 사랑을 유지하는 단 하나의 방법임을 이 비유는 자연스럽게 보여준다. 남자와 여자는 의사전달 방법뿐만 아니라 생각하고 느끼고 지각하고 반응하고 행동하고 사랑하는 것 등등 모든 영역에서 다르다."

- 『화성에서 온 남자 금성에서 온 여자』, 존 그레이(John Gray)

"야, 너는 여자를 몰라도 너무 몰라."
"야, 너는 남자를 몰라도 너무 몰라."

연애에 실패한 사람에게 하는 대표적인 이야기이다. 남자는 여자에 대해 너무 모르고, 여자는 남자에 대해 너무 모르는 것은 당연하다.

그렇다면 남자가 남자를, 여자가 여자를 이해하고 있을까? 아니다. 그 누구도 상대를 완벽하게 이해하기는 힘들다. 자기가 낳은 자식도 이해하기 어렵다. 형제 간에도 성격이 제각각이어서 자주 다투게 된다. 몰라서 문제가 아니라 이해하려고 하지 않기 때문에 문제이다.

화성이나 금성에서 태어난 게 문제인가? 아니다. 화성과 금성에서 와서 문제인가? 이 역시 아니다. 성격의 차이는 성별의 문제도 지역의 문제도 아니다. 각자가 자기 주장을 하면서 상대를 바라보기 때문에 문제이다. 상대의 입장에 서서 바라봐주고 이해할 때 소통이 원활하고 관계가 원만해진다.

타고난 사주팔자는 각자 다 다르다. 목(木)이 많은 사람, 화(火)가 많은 사람, 토(土)가 많은 사람, 금(金)이 많은 사람, 수(水)가 많은 사람, 오행이 골고루 있는 사람 등 제각각이다. 비겁이 많은 사람, 식상이 많은 사람, 재성이 많은 사람, 관성이 많은 사람, 인성이 많은 사람, 또는 육친이 골고루 있는 사람 등 우리 모두는 다양한 성격과 성향을 가지고 태어났다. 나와 다른 사람들은 말 그대로 다르다. 나는 부모와도 다른 사람이다. 나는 자식과도 다른 사람이다.

다름을 인정하고 상대를 이해하려는 태도, 이것이 사주팔자를 공부하는 한 가지 이유이다. "상대를 알고 나를 알면 백 번 싸워 백 번 위태롭지 않다." 『손자병법』에 나온 말이다. 이 말은 사주팔자를 공부하는 모든 학인(學人)들이 새겨들어야 할 명언이다.

인 생 코 칭 을 위 한

# 오 행 중 심
## 용 신 활 용
# 사 주 학

| | | | |
|---|---|---|---|
| 글쓴이 ㅣ 김동완 | | 기  획 ㅣ 이화진 | |
| 펴낸이 ㅣ 유재영 | | 편  집 ㅣ 나진이 | |
| 펴낸곳 ㅣ 동학사 | | 디자인 ㅣ 임수미 | |

1판 1쇄 ㅣ 2019년 8월 10일
출판등록 ㅣ 1987년 11월 27일 제10-149

주소 ㅣ 04083 서울 마포구 토정로 53 (합정동)
전화 ㅣ 324-6130, 324-6131 / 팩스 ㅣ 324-6135
E-메일 ㅣ dhsbook@hanmail.net
홈페이지 ㅣ www.donghaksa.co.kr
www.green-home.co.kr

ⓒ 김동완, 2019

ISBN 978-89-7190-682-8   03180